FBI
행동의 심리학

행동의 심리학

말보다 정직한 7가지 몸의 단서

조 내버로 외 지음 ┃ 박정길 옮김

리더스북

FBI 행동의 심리학

초판 1쇄 발행 2010년 9월 13일
2판 1쇄 발행 2022년 11월 20일
2판 7쇄 발행 2024년 8월 19일

지은이 조 내버로, 마빈 칼린스 옮긴이 박정길
발행인 이봉주 단행본사업본부장 신동해
편집장 김경림 편집 박주연
마케팅 최혜진 이인국 홍보 반여진 허지호 송임선
국제업무 김은정 김지민 제작 정석훈
디자인 studio forb

브랜드 리더스북
주소 경기도 파주시 회동길 20
문의전화 031-956-7213(편집) 031-956-7089(마케팅)
홈페이지 www.wjbooks.co.kr
인스타그램 www.instagram.com/woongjin_readers
페이스북 https://www.facebook.com/woongjinreaders
블로그 blog.naver.com/wj_booking

발행처 ㈜웅진씽크빅
출판신고 1980년 3월 29일 제406-2007-000046호

추천의 글

●

지금껏 강력반 형사와 과학수사요원을 거치면서 다양한 범죄자와 마주앉았다. 대부분은 표정 아래 진실을 숨기고 거짓말로 수사를 교란시킨다. 하지만 그들은 결코 모른다. 감추려 할수록 일관된 자백의 행동을 내보인다는 것을. 손과 발이 가리키는 방향, 앉아 있는 자세만으로도 그들은 무의식중에 죄를 누설한다. 비언어적 행동으로 결코 무시할 수 없는 증거를 제시하는 셈이다.

상대의 행동으로 진실을 읽는 것은 비단 범죄의 실마리를 푸는 데 그치지 않는다. 일상생활 전반에서 우리는 다양한 사람을 만나고 관계를 이어나간다. 상대가 나를 어떻게 생각하는지, 어떤 의도를 갖는지는 말보다 행동에서 더 쉽게 드러나는 법이다. 이 책은 바로 일상 전반에서 마주하는 인간관계 속 비언어적 행동을 통해 마음을 읽는 방법을 과학적으로 설명해준다. 전 FBI 요원의 경험으로 엮은 책의 사례는 우리가 무방비하게 노출하고 있는 비언어적 행동을 어떻게 해석해야 하는지 예리하게 알려준다. 행동심리학의 필독서로 자리매김한 이 책은 진실을 알아차리고 전달하는 데 필요한 그 섬세한 소통의 기술을 일깨워줄 것이다.

권일용 대한민국 1호 프로파일러, 《악의 마음을 읽는 자들》 저자

전 세계에 걸쳐 살아가는 우리 모두의 일상에서 공통적으로 매일같이 이루어지는 사람들 사이의 상호작용에 있어 언어적인 상호작용보다 더 크고, 중요한 비중을 차지하는 것은 바로 비언어적인 상호작용이다. 그러나 비언어적인 상호작용의 이러한 막대한 중요성에도 불구하고, 전문적인 시각에서 비언어적 상호작용에 대해 접근하고 분석하는 저서는 아직까지 찾아보기 힘든 것이 현실이다.

이 분야에서 거의 유일하게 독보적인 위치를 차지하고 있는 것이 바로 본 저서인 《FBI 행동의 심리학》이다. 이 책은 저자 조 내버로의 25년 FBI 재직 경험을 바탕으로 하여, 우리의 비언어적 의사소통, 즉 몸짓과 행동의 의미에 대해 이론적, 실무적 측면에 걸쳐 폭넓게 접근하고 있다. 이제까지 상대방의 말이나 글 등의 언어적인 단서에만 주로 주목해왔다면, 이 책을 통해 비언어적 신호에 대한 시각을 넓혀 인간의 행동에 대해 보다 높은 통찰을 가지고 전략적인 활용 방안을 수립할 수 있을 것이다.

박지선 범죄심리학자, 숙명여자대학교 사회심리학과 교수

수년 전 경기도 부천에서 발생한 살인방화사건 조사실에서 형사는 아무런 말도 없이 용의자의 눈을 쳐다보고 있었다. 그렇게 가만히 20분이 흐르자 용의자 눈동자의 흔들림이 심해지고 팔다리의 움직임이 빈번해졌다. 이때 형사가 한마디를 던졌다. "왜 그랬어?" 그 말에 고개를 떨군 용의자는 "잘못했습니다"를 시작으로 범행을 자백했고 범행도구와 현장을 촬영한 비디오테이프도 있다고 털어놓았다.

캘리포니아에서 이뤄진 실험에서 언어장애인 그룹이 비장애인 그룹보다 거짓말을 탐지하는 능력이 높다는 결과가 나왔다. 언어보다 훨씬 더 정직한 신호는 비언어적 행동이라는 결과다. 《FBI 행동의 심리학》은 저자의 FBI 경험과 과학을 토대로 사람의 비언어적 행동을 통해 마음을 읽는 기술을 공개하고 있다. 이 책을 통해 범죄수사현장에서는 물론 일상생활 전반에서, 말로는 전달되지 않는 진실을 주고받는 소통의 혁신이 이루어지길 기대한다.

표창원 전 경찰대 교수, 《한국의 연쇄살인》 저자

●

'인간 거짓말탐지기'
조 내버로가 밝히는 커뮤니케이션의 비밀

테이블의 한쪽 끝, 한 남자가 무표정하게 앉아 FBI 요원의 질문에 대답하고 있었다. 아무리 면밀하게 살펴봐도 그는 살인을 저지른 용의자처럼 보이지 않았다. 무엇보다 알리바이가 믿을 만했고 대답 속에서 빈틈을 찾기 어려웠다. 그렇지만 노련한 FBI 요원은 용의자를 집요하게 추궁했다.

"만약 당신이 이 범죄를 저질렀다면 총을 사용했을까요?"

"만약 당신이 이 범죄를 저질렀다면 칼을 사용했을까요?"

"만약 당신이 이 범죄를 저질렀다면 얼음 깨는 송곳을 사용했을까요?"

"만약 당신이 이 범죄를 저질렀다면 망치를 사용했을까요?"

아무런 변화도 보이지 않던 용의자는 얼음 깨는 송곳이 언급되는 순간 조용히 눈을 감더니 다음 흉기의 목록이 나오기 전까지 눈을 뜨지 않았다. FBI 요원이 언급한 흉기 가운데 범행에 실제로 사용된 것은 얼음 깨는 송곳이었지만, 그 정보는 외부에 공개되지 않았다. 따라서 진짜 흉기는 오로지 범인만 알 수 있는 상황이었다. FBI 요원은 흉기의 목록을 제시하면서 용의자의 행동을 주의 깊게 관찰했다. FBI 요원은 즉시 그 행동의 의미를 간파했고, 단순 용의자에 불과하던 그 남자는 강력한 용의자로 바뀌었다. 훨씬 나중의 일이긴 하지만 그는 결국 범행을 자백했다.

심리학을 연구한 나는 FBI와 함께 많은 사건을 다뤄왔다. 얼음 깨는 송곳으로 살인을 저지른 범인의 정체를 밝혀내는 것은 물론 노련한 스파이들을 체포하는 일처럼 힘든 사건도 많았다. 그때마다 내 곁에는 사람의 행동을 보고 귀신처럼 마음을 읽는 조 내버로가 있었다.

조는 사람들이 무슨 생각을 하고 어떻게 행동하려고 하는지, 그리고 그들의 말이 진실인지 거짓인지 알아내기 위해 평생 동안 비언어 커뮤니케이션 과학을 연구해왔다. 비언어 커뮤니케이션이란 표정, 제스처, 신체 움직임(동작학), 근접거리(공간학), 접촉(촉각학), 자세, 옷차림 등을 말한다.

사람들은 보통 자신의 생각과 의도가 투명하게 내비치는 많은 신체언어를 보여준다. 조는 FBI 내에서 '인간 거짓말탐지기'로 불렸을 만큼 사람들의 감정, 생각, 의도를 간파하는 데 뛰어난 인물로서 자신의 지식을 이 책에 고스란히 담아내고 있다. 저명한 작가이자 교육가이기도 한 조는 다른 사람의 신체언어를 관찰 및 탐지하고 해석함으로써 더욱 성공적으로 상호작용할 수 있는 법을 가르쳐준다. 이러한 지식은 비즈니스와 인생을 훨씬 흥미진진하고 풍요롭게 해줄 것이다.

15년 전까지만 해도 과학계에서는 신체언어로 사람의 마음을 읽는 비언어 커뮤니케이션 과학을 전혀 인정하지 않았다. 그러나 최근 뇌 촬영기술과 신경영상법이 발달하면서 조가 이 책에서 말하는 행동들의 타당성을 과학적으로 입증할 수 있게 되었다.

조는 심리학, 신경생물학, 의학, 사회학, 커뮤니케이션학 그리고 인류학이 최근에 밝혀낸 연구와 25년간 FBI에서 활동한 경험을 토대로 비언어 커뮤니케이션을 이해하기 쉽게 전달하고 있다. 그의 전문성은 세계적으로 인정받고 있다. 각종 텔레비전 프로그램에 정기적으로 출연할 뿐 아니라 미국 대통령 선거 등 정치적 사건과 버지니아 총기사건 등 굵직굵직한 이슈가 있을 때 미디어에서 가장 많이 찾는 행동전문가다. 또한 조는 법률회사와 은행 및 보험업계에서 컨설턴트로 활약하고 있으며 FBI와 CIA에서 비언어 커뮤니케이션에 대한 세미나도 열고 있다. 또한 의사들을 대상으로 한 의과대학 강연을 통해 환자가 말로 표현하지 못하는 병세를 파악하는 데 큰 도움을 주고 있다.

여러 상황에서 표출되는 비언어 커뮤니케이션이 무엇을 의미하는지 간파해내는 데 있어 조는 단연 독보적인 인물이다. 무엇보다 그는 이 주제에 논리적이면서도 세심하게 접근한다. 예컨대 비언어를 관찰하면 여러 가지 행동의 의미를 정확히 읽어낼 수 있지만 속임수까지 간파하기란 매우 어려운 일이라고 말한다. 나아가 어떤 사람의 행동을 근거로 정직하다거나 부정직하다고 단언하기에 앞서 아주 신중해야 한다며 섣부른 판단을 경계한다.

이 책에 제시된 정보는 개인의 추측이나 탁상공론에서 나온 이론이 아니다. 과학적 사실과 실제 경험을 통한 결과물에 근거한 것이다. 특히 비언어 단서를 효과적으로 이해하고 활용하기 위해 뇌의 변연계, 즉 하등동물의 두뇌에도 나타나는 원시 형태의 뇌가 수행하는 중요한 역할을 다루고 있다.

몸이 표현하는 침묵의 언어에 통달하면 사람의 마음을 읽을 수 있다. 만약 여러분이 직업적 성공이나 친구 또는 가족과 더 잘 지내기 위해 비언어를 알고자 한다면 이 책은 탁월한 선택이라고 할 수 있다. 단, 각 장을 주의 깊게 검토해 비언어에 숙달하고 저자의 가르침을 일상생활에 적용하기 위해 진지하게 노력해야 한다. 사람들의 마음을 읽거나 행동을 예측하기 위해 비언어 커뮤니케이션을 배우고 해석하고 활용하는 것은 상당히 가치 있는 일이며, 배우고 노력한 만큼 대가가 따른다. 이제 조가 가르쳐주는 비언어 커뮤니케이션을 관찰하고 배울 준비를 하라. 그냥 한 번 흘깃 보고도 상대방의 생각을 읽는 데는 그리 긴 시간이 걸리지 않을 것이다.

공동저자
마빈 칼린스

차례

PART 1

당신이 행동으로 누설하는 진실

PART 2

뇌, 행동통제센터

PART 3

얼굴, 감정의 리트머스 시험지

PART 4

팔, 생존을 높이는 도구

PART 5

손, 성공을 움켜잡는 기술

PART 6

다리, 진실과 거짓이 밝혀지는 곳

PART 7

몸, 생존의 최전선

PART 8

FBI 요원의 속임수 간파하기

PART 1

당신이 행동으로
누설하는 진실

어느 날 애리조나주 파커 인디언보호구역에서 한 젊은 여성이 성폭행을 당하는 사건이 일어났다. 사건의 용의자가 조사를 위해 불려왔는데, 그는 매우 당당했고 진술 내용도 그럴듯했다. 그는 피해자를 본 적이 없고, 들에서 목화밭 길을 따라가다가 왼쪽으로 돌아서 곧장 집으로 들어갔다고 주장했다. 동료들이 그 진술을 기록하는 동안 계속 용의자를 관찰하던 나는 그가 왼쪽으로 돌아서 집으로 들어갔다고 말할 때 무의식적으로 손이 오른쪽을 가리키는 것을 보았다. 그가 무의식적으로 가리킨 방향은 정확히 성폭행 현장으로 가는 길이었다.

"조, 당신이 비언어 커뮤니케이션에 흥미를 갖게 된 계기가 뭔가요?"

나는 신체언어를 가르치면서 이런 질문을 매우 자주 받았다. 내가 비언어 커뮤니케이션에 관심을 기울이게 된 것은 목적이 있었거나 그 주제에 매료됐기 때문이 아니다. 다만 생존을 위해 절실히 필요했을 뿐이다.

나는 여덟 살 때 쿠바에서 미국으로 건너왔다. 피그스만 침공 (1961년 미국 내 쿠바 난민들이 CIA의 지원을 받아 쿠바 본토를 공격한 사건—옮긴이 주) 이후 우리 가족은 쿠바를 떠났고, 망명자로서 잠시 동안만 미국에 머물 계획이었다. 처음에는 영어를 할 줄 몰라 대화를 할 때면 다른 이민자들과 마찬가지로 손짓이나 발짓에 의존해야 했다. 그러나 나는 주위의 비언어 커뮤니케이션에 민감하게 반응하면서 몸의 언어를 빠르게 터득해갔다. 그것은 쉽게 해석하고 누구나 이해할 수 있는 언어였다.

어린 내 눈에는 사람들의 몸이 마치 살아 움직이는 광고판처럼 보였다. 그 광고판은 행동과 표정, 그리고 내가 읽을 수 있는 신체 움직임으로 사람들의 생각이 노출되고 있었다. 시간이 지나면서 나는 영어를 쓰게 됐고 동시에 기존에 알고 있던 모국어는 점점 잊어 갔지만 비언어는 결코 잊지 않았다. 나는 이미 어린 나이에 언어보다 비언어 커뮤니케이션이 훨씬 더 신뢰할 만하다는 사실을 깨달았다.

어린 시절 내가 터득한 비언어 정보들은 매우 단순했다. 친구든 선생님이든 나를 정말로 좋아하는 사람은 내가 교실로 들어오는 것을 보면 눈썹이 올라가거나 또는 아치 모양이 됐다. 반면 나에게 별로 우호적이지 않은 사람은 내가 나타났을 때 살짝 곁눈질을 했다. 이것은 한 번 보면 결코 잊히지 않는 행동이다.

분명 언어장벽이 있었지만 나는 이 기본적인 비언어 정보를 활용해 상대방이 나를 어떻게 생각하는지 재빨리 판단해 행동할 수 있었다. 우호적이면 관계를 발전시키고 비우호적이면 적당히 피하면서 건강한 관계를 만들어갔다. 그리고 성인이 되어 미국연방수사국(Federal Bureau of Investigation, FBI)의 특별요원으로 일하게 된 후에도 범죄사건을 해결할 때면 눈의 움직임을 가장 먼저 보게 되었다.

사람은 끊임없이 움직이며 몸으로 수천 가지의 비언어 메시지를 내보낸다. 그 메시지 가운데 가장 중요한 것은 무엇이며, 그것을 어떻게 해석해야 할까? 나는 중요한 비언어 커뮤니케이션을 정확히 파악하고 해석하기 위해 아주 많은 노력을 해왔다. 관찰하고 이해한 뒤에 검증하는 데 평생이 걸린 것도 있다.

다행히 뛰어난 재능을 타고난 연구자들의 지식과 비언어 행동에 대한 내 경험을 통해 당신은 그 방법을 어렵지 않게 습득할 수 있다. 가장 중요한 비언어 행동이 무엇이며 이런 행동을 더욱 쉽게 읽을 수 있는 모델을 개발했기 때문이다. 당신은 이 책을 통해 그 지식을 익히고 마음껏 활용할 수 있다. 상대방의 어떤 특정한 행동을 보고 그 의미를 제대로 해석할 수 있을 것이다.

푸에르토리코 호텔 방화사건의 범인은 누구인가

눈을 차단하는 행동은 위협을 느끼거나 좋지 않은 것을 보았을 때 나타나는 행동이다. 곁눈질하기, 눈 감기, 눈 가리기 등의 행위는 보고 싶지 않은 이미지를 보는 것으로부터 뇌를 보호하고, 자신이 상대방을 무시한다는 이미지를 전달하기 위해 서서히 발달해왔다.

1987년 새해 벽두에 푸에르토리코에 있는 듀퐁플라자라는 대형 호텔에서 97명의 생명을 앗아간 큰 화재가 발생했다. 당시 그 호텔의 한 경비원이 그의 근무지에서 화재가 발생했다는 이유로 강력한 용의 선상에 올랐다. 우리는 그에게 화재 발생 전후에 어디에 있었는지, 방화를 했는지 안 했는지에 대해 구체적으로 질문했다.

나는 그의 얼굴을 계속 관찰하며 특정한 질문에서 눈의 변화가 있는지 살폈다. 그는 화재가 발생했을 때 어디에 있었느냐고 물어볼 때만 눈을 감았다. 그런데 이상하게도 "당신이 불을 질렀습니까?"라는 질문에는 그다지 난처한 표정을 짓지 않았다. 이는 곧 그에게 진짜 문제는 화재 당시 어디에 있었는가 하는 것이지 방화 여부가 아니라는 뜻이었다.

그는 수사관들에게 집중적인 조사를 받은 끝에 그 호텔에서 일하는 여자친구를 만나기 위해 근무지를 지키지 않았음을 자백했다. 불행히도 그가 자리를 비운 사이에 방화범들이 호텔 안으로 들어가 불을 질렀던 것이다. 결국 그 비극적인 화재를 일으킨 세 명의 방화범은 체포됐다. 호텔 경비원은 근무지 이탈을 숨기려다 자칫 방화 누명을 뒤집어쓸 수 있었다. 그 경비원은 자신이 자리를 비운 동안 불이 난 사실에 대해 죄책감을 느끼며 괴로워했지만 범인은 아니었다.

행동은 말보다 더 크게 말한다

흔히 보디랭귀지로 불리는 비언어 커뮤니케이션은 표정, 제스처, 신체 접촉, 움직임, 자세, 신체 장식(옷, 액세서리, 머리 모양, 문신 등), 심지어 목소리 등을 통해 이뤄지는 정보 전달 방법이다. 이러한 비언어 커뮤니케이션은 모든 대인관계 커뮤니케이션의 60~65퍼센트를 차지한다. 물론 사랑을 나누는 동안에는 비언어만으로도 100퍼센트 커뮤니케이션이 될 수 있다.

비언어 커뮤니케이션은 인간의 꾸미지 않은 생각과 감정, 그리고 의도의 표출이다. 이런 이유로 비언어 커뮤니케이션은 '몸의 언어'로 불린다. 행동하는 사람의 진정한 마음 상태를 보여주기 때문이다. 비언어 커뮤니케이션은 흔히 무의식중에 일어나므로 수십 년에 걸쳐 훈련된 의식적인 언어 표현보다 더 정직할 수밖에 없다.

신체언어가 말로 하는 언어보다 더 믿을 만한 이유를 보여주는 사례가 있다. 어느 날 애리조나주 파커 인디언보호구역에서 한 젊은 여성이 성폭행을 당하는 사건이 일어났다. 사건의 유력한 용의자가 조사를 위해 불려왔는데, 그는 매우 당당했고 진술 내용도 그럴듯했다.

그는 피해자를 본 적이 없고, 들에서 목화밭 길을 따라가다가 왼쪽으로 돌아서 곧장 집으로 들어갔다고 주장했다. 동료들이 그 진술을 기록하는 동안 계속 용의자를 관찰하던 나는 그가 왼쪽으로 돌아서 집으로 들어갔다고 말할 때 무의식적으로 손이 오른쪽을 가리키는 것을 보았다. 그가 무의식적으로 가리킨 방향은 정확히 성폭행 현장으로 가는 길이었다.

만약 내가 그를 관찰하지 않았다면 언어(왼쪽으로 돌아서)와 비언어(손으로 오른쪽을 가리키는 것) 사이의 불일치를 포착하지 못했을 것이다. 그 행동을 발견한 즉시 나는 그의 말이 거짓임을 알았고, 잠시 기다렸다가 그를 다시 대면해 집중적으로 추궁했다. 결국 그는 범행을 자백했다.

의사가 환자의 말보다 행동에 주목해야 하는 이유

상대방의 비언어 커뮤니케이션을 관찰하면 그 사람의 감정과 의도, 행동을 보다 정확히 이해할 수 있다.《EQ 감성지능》의 저자이자 세계적인 심리학자인 대니얼 골먼Daniel Goleman 같은 연구자들은 비언어 커뮤니케이션을 효과적으로 읽고 해석해 대응할 수 있는 사람은 그렇지 않은 사람보다 훨씬 큰 성공을 누린다는 것을 증명해냈다. 이 책의 목적은 세상을 관찰하는 법을 가르쳐주고 주어진 상황에서 비언어 커뮤니케이션의 의미를 깨닫도록 하는 데 있다. 이러한 지식은 내가 그랬던 것처럼 당신의 대인관계 기술을 향상시키고 삶을 풍요롭게 해줄 것이다.

비언어 커뮤니케이션의 가장 큰 매력은 세계 어디에서나 보편적으로 응용할 수 있다는 점이다. 비언어 커뮤니케이션은 둘 이상의 사람들이 만나 상호작용하는 모든 곳에서 나타난다. 비언어는 어디에나 있고 또한 믿을 만하다. 일단 어떤 특정한 비언어가 의미하는 바를 알게 되면 다른 여러 상황과 환경에서 활용할 수 있다. 사실 비언어 없이 효과적으로 상호작용하는 것은 매우 어려운 일이다.

수년 전에 나는 라스베이거스의 갬블러들을 상대로 세미나를 한 적이 있다. 상대방의 손을 읽고 테이블에서 더 많은 돈을 따내려면 어떻게 해야 하는지 가르쳤던 것이다. 포커는 허세와 속임수가 판치는 게임이므로 갬블러들은 상대방의 몸짓을 읽는 데 관심이 많다. 비언어 커뮤니케이션을 해석하는 것으로 승패가 좌우되기도 한다. 놀랍게도 세미나 참가자들은 비언어 커뮤니케이션을 단순히 포커뿐 아니라 다른 일에서도 활용할 만한 가치가 있다고 입을 모았다.

세미나가 끝나고 2주일 뒤에 나는 포커에 관심이 많던 한 의사로부터 이메일 한 통을 받았다.

"당신의 세미나에서 배운 비언어 커뮤니케이션은 제게 큰 도움이 됐습니다. 포커게임에서 상대방의 비언어 커뮤니케이션을 읽는 법을 배운 뒤로 환자들의 마음을 읽을 수 있게 된 것입니다. 이제 저는 환자들이 불안해할 때, 믿음을 가질 때, 아니면 솔직하지 않을 때를 감지하고 그들을 이해할 수 있습니다."

그 의사의 이메일은 비언어가 얼마나 보편적이고 일상생활에서 가치 있게 활용되는지 보여주고 있었다.

몸짓으로 사람의 마음을 읽기 위한 7계명

컴퓨터, 문자메시지, 이메일, 전화, 화상회의가 발달한 이 시대에도 사람들이 여전히 직접 대면하기를 원하는 이유가 무엇일까? 그것은 직접 만나서 비언어 커뮤니케이션을 표현하고 관찰할 필요가 있기 때문이다. 직접 만나 눈과 몸짓을 보고 대화하는 것보다 확실한 것은 없다. 비언어는 그만큼 강력한 의미를 담고 있다.

사람들의 생각과 느낌, 의도를 파악하기 위해 비언어 정보를 수집하는 것은 꾸준한 연습과 훈련을 필요로 한다. 나는 그 효과를 최대화하기 위해 7가지 중요한 가이드라인을 제시하고자 한다. 이 7계명을 일상생활에서 꾸준히 실천하면 제2의 천성처럼 습관이 되어 노력하지 않아도 어떤 상황에든 적용할 수 있을 것이다.

몸짓으로 사람의 마음을 읽는 것은 운전을 배우는 것과 유사하다. 처음으로 차를 몰던 때를 기억하는가? 아마도 걱정 반 두려움 반으로 운전하는 데 집중하느라 차 바깥에서 일어나고 있는 일들에 신경 쓰기 어려웠을 것이다. 전체적인 운전 환경에 신경 쓰며 시선을 자유자재로 움직일 수 있을 때라야 비로소 운전

석에서 편안함을 느끼게 된다.

비언어 커뮤니케이션도 마찬가지다. 다음에서 제시하는 7가지 비언어 커뮤니케이션 기술을 효과적으로 터득하기만 하면 주변 환경을 자동적으로 해석할 수 있다.

1) 보지 말고 관찰하라

관찰은 비언어 커뮤니케이션을 해석하고 활용하고 싶어 하는 사람이면 누구나 갖춰야 할 기본 자세다. 귀에 이어폰을 꽂고 상대방의 말을 들으려 애쓰는 사람의 어리석음을 상상해보라. 정확히 듣고 싶어 하는 사람은 절대 이어폰을 꽂고 듣지 않는다.

그러나 비언어 커뮤니케이션 같은 침묵의 언어를 볼 때는 관찰 대상의 신체언어에 집중하기 위해 다른 대상에 대해서는 관심을 차단하는 것이 좋다. 주의 깊은 경청이 언어적 표현을 이해하는 데 매우 중요하듯 주의 깊은 관찰은 신체언어를 이해하는 데 상당히 중요하다.

꾸준한 관찰은 사람들의 마음을 읽고 그들의 비언어를 성공적으로 간파하기 위해 꼭 필요한 일이다. 문제는 대부분의 사람이 눈으로 보긴 해도 제대로 못 본다는 데 있다. 소설 속의 주도면밀한 탐정 셜록 홈스가 파트너인 왓슨 박사에게 "자네는 보긴 봐. 하지만 관찰하지는 않아"라고 지적한 것처럼, 안타깝게도 사람들은 대개 관찰하지 않고 그냥 본다.

그런 식으로는 주위에서 일어나는 미묘한 변화를 알아차리기 어렵다. 예를 들어 누군가가 무의식중에 자신의 생각이나 의도를 손 또는 발의 미세한 움직임으로 드러낸다고 해도 의식하지 못한다. 관찰력이 부족한 시선에 얼마나 많은 허점이 있는지는 다양한 과학적 연구가 잘 보여주고 있다.

한 실험에서는 학생들에게 비디오테이프를 보여주며 둥글게 서 있는 사람들이 서로 공을 주고받은 횟수를 세어보라고 주문했다. 도중에 고릴라로 분장한 사람이 뛰어들어 장난을 쳤지만 학생들의 절반 이상은 고릴라의 존재를 알아차리지 못했다.

우리는 간혹 느닷없이 당했다고 하소연하는 사람을 만나기도 하는데, 대개는 자신의 상황을 파악하는 능력이 실망스러울 정도로 뒤처지는 사람들이다. 그들의 불평은 거의 비슷하다.

"아내가 방금 이혼을 신청했어요. 아내가 그렇게 결혼 생활에 불만이 많은지는 상상도 못했어요."

"교육 상담사가 말하길 내 아들이 3년간 코카인을 투여했답니다. 나는 그 애가 약물을 사용한다고 한 번도 생각해본 적이 없는데."

"한창 논쟁 중이었는데 갑자기 저 풋내기가 나를 쳤어요. 주먹이 날아오는 걸 못 봤는데."

"보스가 내 업무성과에 꽤 만족한다고 생각했어요. 해고당할 줄은 꿈에도 생각지 못했는데."

이러한 하소연은 자신과 주위 사람의 감정을 전혀 관찰하지 못했기 때문이다. 사실 대부분의 사람들이 성장하면서 다른 사람의 비언어 단서를 어떻게 관찰해야 하는지 배우지 못했다. 만약 운이 좋았다면 자신의 관찰력을 스스로 갈고닦았을 수도 있다. 그러나 대부분은 데이트를 하거나 일을 할 때, 또 가족과 함께 있을 때 곤란에 처하지 않을 정도의 팁일 뿐 더욱 만족스러운 삶을 살게 해줄 유용한 정보를 놓치고 만다.

무엇보다 중요한 점은 관찰을 습관화하는 것이다. 관찰은 근육과 같다. 사용하면 강해지고 사용하지 않으면 퇴화한다. 자신의 관찰 근육을 사용하라. 그러면 주위의 세상을 더욱 잘 간파할 수 있을 것이다.

관찰을 할 때는 시각을 비롯한 모든 감각을 사용해야 한다. 나는 일이 끝나고 내 아파트로 들어갈 때마다 심호흡을 하는데, 평소와 다른 냄새가 나면 긴장을 한다. 한번은 여행에서 돌아왔는데 평소와 다른 미묘한 냄새가 감지됐다. 아파트를 다 둘러보기도 전에 코가 먼저 위험을 경고했던 것이다. 나중에 밝혀진 일이지만, 파이프가 새는 것을 고치기 위해 들른 아파트 관리인의 옷과 피부에서 풍기는 냄새가 몇 시간이 지난 뒤에도 공기 중에 남아 있었기 때문이었다. 다행히 위험한 침입자는 아니었지만 실제로 이런 침입 범죄는 빈번하게 일어난다.

일상생활에서 비언어 커뮤니케이션을 이해하려 할 때, 일이 발생한 상황을 알면 그 의미를 더욱 잘 이해할 수 있다. 예를 들어 교통사고 직후에 사람들은 충격에 휩싸여 멍하게 걸어 다니기도 한다(그래서 경찰관들은 사고가 났을 때 차에 가만히 앉아 있도록 한다). 사고를 당하면 기억력과 창의력 및 판단력에 관여하는 변연계가 큰 타격을 받기 때문이다. 그 결과로 몸을 떨거나 방향 감각을 상실하고 초조감과 불안감을 드러낸다. 따라서 교통사고가 나면 심한 스트레스로 이러한 행동이 나타나리라는 것을 충분히 예상할 수 있다.

취업 면접을 치를 때 지원자들은 처음에 긴장을 하지만 그 긴장감은 곧 사라진다. 하지만 특정 질문을 받으면 다시 긴장하는 경우가 있다. 그럴 때는 평소 비슷한 경험을 떠올리며 왜 다시 긴장하게 되는지 스스로 답을 찾아보는 것이 중요하다.

2) 본능이 드러나는 불변의 보디랭귀지를 기억하라

사람들은 대개 유사하고 보편적인 신체언어를 보여준다. 예를 들어 입술이 보이지 않을 정도로 입을 굳게 다무는 것은 어떤 어려움에 처했음을 나타내는 분명한 신호인데, 이 책에서 내가 설명하려고 하는 중요한 신체언어 가운데 하나이기도 하다. 이러한 보편적 비언어를 더 많이 인식하고 정확히 해석할수록 주위 사람들의 생각과 감정, 의도를 더욱 효과적으로 평가할 수 있다.

한번은 영국 선박회사의 컨설팅을 맡아 회의에 참석했을 때 상대방의 입술 모양을 관찰함으로써 문제점을 간파해 성공적인 협상을 이끌어 낼 수 있었다. 내 고객이 선박을 공급하기 위해 한 다국적 기업과 구체적인 협상을 벌이는 동안 나는 그들 곁에 앉아 있었다. 나는 그들에게 서로 성공적인 계약을 체결하기 위해

서는 제시된 계약서를 한 조항씩 거론해야 하며 다음 조항으로 넘어가기 전에 합의를 봐야 한다고 말했다. 동시에 나는 고객에게 도움이 될 만한 비언어 정보를 찾기 위해 상대방을 세심하게 관찰했다.

나는 고객에게 주의가 필요할 경우 쪽지를 보내겠다고 한 뒤에 쌍방이 한 조항씩 검토하는 모습을 지켜보기 위해 뒤로 물러 앉았다. 중요한 신체언어를 발견하는 데는 그리 오래 걸리지 않았다.

선박의 특정 부분에 대한 부품 조항을 읽었을 때 다국적 기업의 실무자가 입을 오므렸다. 그 행동은 상대방이 그 조항을 마음에 들지 않아 한다는 뜻이었다. 나는 즉시 그 조항에 이론異論의 여지가 있고 추후에 문제가 될 수 있으므로 재검토해야 한다는 내용의 쪽지를 고객에게 전달했다. 그 문제는 다시 거론됐고 양쪽은 그 조항의 세부 사항에 집중해 합의를 이끌어냈다. 이전에 그러한 상황을 알지 못해 문제가 되곤 했던 그 회사는 이번 협상으로 1,350만 달러를 절약할 수 있었다.

3) 특별한 상황에서만 나타나는 행동을 파악하라

보편적인 신체언어는 모든 사람에게 비슷하게 나타난다. 그러나 '특이 비언어 행동'으로 불리는 유형은 개인마다 차이가 있다. 특이신호를 알아내려면 일상생활에서 친구, 가족, 직장 동료 등의 행동 패턴을 지켜볼 필요가 있다. 한 개인에 대해 더 잘 알

수록 또는 그 사람과 오랫동안 관계를 맺을수록 특이신호를 쉽게 발견할 수 있 다. 예를 들어 당신의 아들이 시험을 보기 전에 머리를 긁적이거나 입술을 깨문다면 초조함이나 미흡한 시험 준비의 신호로 읽을 수 있다. 의심할 바 없이 이것은 그가 스트레스를 다루는 한 방법이 되었고, 당신은 거듭해서 그런 행동을 보게 될 것이다. 왜냐하면 미래 행동에 대한 최고 예언자는 현재 행동이기 때문이다.

4) 평상시 모습을 기억하라

매일 접하는 사람들의 평소 행동을 알기 위해서는 그들의 일반적인 표정, 앉는 자세, 손과 발의 위치, 머리 기울임을 관찰하고 평소 지갑 같은 소지품을 어디에 두는지 주의할 필요가 있다. 그들의 평소 얼굴과 스트레스 받은 얼굴을 식별할 수 있어야 한다.

기준을 잡지 못하면 아프기 전에는 결코 아이의 목구멍을 들여다본 적이 없는 부모의 처지에 놓이고 마는데, 병원을 찾아가 목구멍의 상태를 설명하려고 하지만 아이가 건강할 때 목 안을 살펴본 적이 없기 때문에 비교할 방법이 없다. 정상이 어떤 상태인지 알아야 비정상을 인식하고 판정할 수 있을 것 아닌가.

누군가와 처음으로 만날 때, 관계가 시작되는 그 시점에서부터 그 사람의 기준행동을 알아차리기 위해 노력해야 한다. 다른 사람의 기준행동을 정하는 것은 매우 중요하고 유익한 일인데, 그가 기준행동에서 벗어났을 때의 상태를 파악할 수 있게 해주기 때문이다.

가령 당신이 친척들을 맞이하는 여덟 살 소년의 부모라고 상상해보자. 그런데 어른들의 품에 안기는 것을 주저하지 않던 아들이 해리 삼촌 차례가 오자 쭈뼛거린다면 어찌할 것인가? 아마도 당신은 "무슨 일이니?" 하고 속삭이며 기다리고 있는 해리 삼촌에게 아이를 떠밀 것이다. 이때 아들이 아무 말 없이 반갑게 인사하길 꺼린다면 어떻게 해야 할까?

여기서 당신은 아들의 행동이 기준행동에서 이탈했음을 알아차려야 한다. 예전에 아이는 삼촌에게 인사하는 것을 한 번도 주저한 적이 없다. 그런데 왜 행동에 변화가 일어난 것일까? 아이의 '정지' 반응은 두렵거나 어떤 부정적인 감정을 느낀다는 사실을 암시한다.

그 두려움에 정당한 이유가 없을지도 모르지만 관찰력 있고 주의 깊은 부모에게는 하나의 경고 신호가 된다. 아들의 이탈행동은 아들과 삼촌 사이에 뭔가 좋지 않은 일이 일어났을지도 모른다는 것을 암시한다. 그것은 약간의 의견 불일치, 구타, 아니면 삼촌이 다른 사람에게 더 잘해주는 데 대한 질투 반응일 수도 있다. 중요한 것은 어떤 사람의 행동 변화는 뭔가가 잘못됐음을 암시하므로 더 많은 주의가 필요하다는 사실이다.

이와 같이 사람의 마음을 정확하게 읽는 능력은 신체언어와 관련된 행동을 관찰할 때 향상된다. 이러한 신호는 퍼즐 조각들처럼 작동한다. 조각을 많이 가질수록 그것을 맞춰 전체 그림을 정확하게 볼 가능성이 높아진다.

5) 갑작스런 행동의 변화에 주목하라

갑작스런 행동의 변화는 그 사람이 정보를 어떻게 처리하고 있는지, 또는 감정적인 일에 어떻게 반응하고 있는지를 드러낸다. 놀이공원에 간다는 기대로 잔뜩 들떠 있던 아이는 그 공원의 문이 닫혔다는 사실을 알게 되는 즉시 행동이 바뀐다. 어른들도 마찬가지다. 나쁜 소식을 듣거나 상처를 주는 상황에 직면하면 몸은 즉각 반응한다.

행동의 변화는 그 사람의 관심이나 의도를 드러내기도 한다. 그런 변화를 주의 깊게 관찰하면 어떤 일이 발생하기 전에 미리 알 수 있다. 특히 예상되는 일이 자신이나 다른 사람에게 해를 끼칠 수 있는 경우라면 사전에 대응해 피할 수 있다.

나는 1974년에 마이애미에서 작은 하드웨어 상점을 운영하던 아버지를 잠시 돕고 있었다. 한번은 문득 계산대의 금전등록기 옆에 서 있던 남자를 쳐다봤는데 그의 유별난 행동이 내 주의를 끌었다. 사실 그는 그곳에 서 있을 이유가 없었다. 줄을 서서 기다리는 것도 아니고 물건을 구매하지도 않았다. 더구나 그곳에 서 있는 내내 한 곳을 바라보고 있었다. 금전등록기였다. 만약 그가 그대로 조용히 있었다면 나는 이내 관심을 잃고 다른 일에 몰두했을 것이다. 그런데 내가 관찰하는 동안 그는 행동의 변화를 일으켰다.

그의 콧구멍이 유난히 벌렁거리기 시작했는데, 콧구멍 팽창은 어떤 행동을 하기에 앞서 호흡을 가다듬고 있음을 나타낸다. 나는 어떤 일이 발생할지 직감으로 알 수 있었다. 이윽고 두 가지 일이 동시에 발생하면서 나는 곧바로 "조심해요!"라고 고함을 질렀다. 아버지는 금전등록기의 버튼을 눌러 서랍을 여는 중이었고 그 남자는 앞으로 돌진해 현금을 집으려고 서랍에 손을 뻗었다. 하지만 내 고함소리에 위험을 느낀 아버지는 남자의 손을 잡아 비틀었고 그 강도 미수범은 돈을 떨어뜨리고 도망쳐버렸다.

내가 그 남자의 행동을 읽지 못했다면 그는 현금을 강탈해 도망쳤을 것이다. 행동의 변화를 주시하는 것은 매우 중요하다. 특히 그 변화가 의도된 단서를 포함하고 있을 때는 더욱더 그러하다.

6) 편안한 상태와 불편한 상태를 구별하라

비언어 커뮤니케이션에는 관찰하고 집중해야 할 두 가지 원칙이 있는데, 바로 편안함과 불편함이다. 다른 사람의 행동에서 편안함과 불편함의 단서를 읽는 법을 익히면, 그들의 몸과 마음이 무엇을 말하는지 정확히 해석하는 데 큰 도움이 된다. 만약 어떤 행동이 무엇을 의미하는지 구별하기 어렵다면 우선 편안한 행동(예를 들어 만족, 행복, 이완)으로 보이는지, 불편한 행동(불쾌, 불행, 스트레스, 걱정, 긴장)으로 보이는지 파악하라. 관찰된 행동은 대개 이들 두 가지 영역, 즉 편안함과 불편함 중 하나에 속할 것이다.

#1
스트레스를 받지 않았을 때의 보편적인 얼굴 특징이다. 보통 눈은 이완돼 있고 입술은 자연스럽게 퍼져 있다.

#2
스트레스를 받은 표정은 긴장돼 있고 약간 일그러져 있다. 또한 눈썹을 찌푸리거나 이마에 주름이 지기도 한다.

　　진실을 드러내는 단서와 오해를 불러일으키는 단서를 구별하는 능력은 연습과 경험을 필요로 한다. 진실과 오해의 단서를 구별하기 위해서는 일관된 관찰은 물론 주의 깊은 판단도 요구된다. 이 책에서는 정직함과 부정직함을 드러내는 행동의 미세한 차이를 보여줄 텐데, 그 차이를 구별하는 능력은 상대를 정확히 파악하는 데 큰 도움이 된다.

7) 당신이 관찰하는 것을 상대가 모르게 하라

　　비언어 행동에서 어떤 단서를 잡으려면 사람들을 주의 깊게 관찰하고 그들의 행동을 정확하게 해석해야 한다. 특히 다른 사람을 관찰할 때는 자신의 의도가 드러나지 않도록 주의해야 한다. 처음으로 비언어 단서를 발견하려 애쓰는 사람들은 대개 상대방을 뚫어져라 쳐다보는 경향이 있는데, 이러한 자세는 바람직하지 않다. 상대방이 당신의 의도를 눈치챌 경우 자신의 의도를 숨기려 할 것이다. 이상적인 방법은 상대방이 모르게 그들을 관찰하는 것이다. 이러한 관찰 기술에 숙달되도록 노력하면 눈에 띄지 않게 다른 사람을 관찰할 수 있다. 이것은 오직 연습과 끈기의 문제다.

행동만으로도 사람의 심리는 노출된다

사람의 몸은 수천 개의 비언어 신호 또는 메시지를 내보낸다. 가장 중요한 것은 무엇이며, 그것을 어떻게 해석해야 할까? 문제는 중요한 비언어 커뮤니케이션을 정확히 파악하고 해석하려면 아주 많은 노력을 들여야 한다는 데 있다. 관찰, 평가, 확인하는 데 평생이 걸릴 수도 있다.

다행히 뛰어난 재능을 타고난 연구자들의 지식과 비언어 행동에 관한 내 경험의 도움을 받으면 보다 빨리 그 방법을 습득할 수 있을 것이다. 나는 이미 가장 중요한 비언어 행동을 파악해 패턴화했고 비언어를 더욱 쉽게 읽어내는 데 도움이 되는 모델을 개발했다. 물론 그 지식은 즉각 활용할 수 있다. 설사 어떤 특정한 신체언어가 정확히 무엇을 의미하는지 잊어버린다 해도 그것을 해석할 수는 있을 것이다.

이 책에는 인간의 비언어 행동과 관련된 자료가 풍부하게 들어 있다. 또한 이 책에서는 비언어 행동에서 뇌가 하는 역할과 비언어 행동에 대한 생리학적 근거도 제시한다. 나아가 속임수 간파에 대한 진실도 밝히고 있다. 신체언어에 대한 생리학적 근거를 이해하면 비언어 행동이 어떻게 작동하고 그것이 왜 사람의 생각, 감정, 의도를 그토록 강력히 드러내는지 보다 빨리 인식할 수 있다. 다음 장에서는 뇌를 살펴보면서 그것이 신체언어의 각 영역을 어떻게 지배하는지 보여줄 생각이다.

1963년, 서른아홉 살의 노련한 형사 마틴 맥패든Martin McFadden은 오하이오주 클리블랜드의 한 가게 앞에서 두 남자가 왔다 갔다 하는 것을 목격했다. 그들은 번갈아 가게 안을 엿보고는 곧바로 사라졌다. 그런 행동을 여러 번 반복한 뒤에 두 사람은 제3의 인물에게 말을 건네더니 그들의 어깨 너머로 보이는 도로의 끝에서 다시 모였다.

맥패든 형사는 그들이 범행을 목적으로 그곳을 살피고 있으며 가게를 털려고 한다는 것을 감지하고 슬그머니 그들에게 접근했다. 곧이어 그는 한 남자를 가볍게 덮쳐 숨겨둔 권총을 찾아냈고, 결국 세 남자를 체포해 범죄를 사전에 봉쇄하는 동시에 잠재적인 인명 손상을 막았다.

맥패든의 경험은 획기적인 사건으로, 미국 최고법원 판결

(*Terry v. Ohio*, 1968, 392 U.S. 1)의 근거가 되면서 모든 경찰관에게 알려졌다. 이에 따라 1968년 이후로 미국의 경찰관은 범죄 행위의 의도가 엿보이는 사람을 발견했을 경우 영장 없이 수색할 수 있게 됐다. 최고법원이 비언어 행동을 제대로 관찰하고 해석하면 범죄 행동의 전조를 읽어낼 수 있음을 인정했기 때문이다.

'테리 대 오하이오(*Terry v. Ohio*)' 사례는 생각 및 의도와 비언어 행동의 관계에 대해 명백한 증거를 제시해준다. 무엇보다 중요한 것은 이 판결이 그러한 관계가 존재하며 또한 유효하다는 점을 법적으로 인정했다는 데 있다. 누군가가 비언어 행동은 의미가 없고 신뢰할 만하지 못하다고 말한다면, 이 사건을 들어 그렇지 않음을 증명할 수 있을 것이다.

PART 2

뇌, 행동통제센터

우리는 누군가를 만나 이야기를 할 때 상대방이 입술을 깨물거나 이마를 만지거나 목 뒤를 쓰다듬는 행동을 보게 된다. 그리고 우리 자신도 무의식적으로 그런 행동을 하곤 한다. 왜 그렇게 하는지 자각하고 의아하게 생각해본 적이 있는가? 행동의 비밀은 두개골 안에 있는 뇌에 숨어 있다. 뇌가 감정을 행동으로 표현하기 위해 몸에 어떤 지령을 내리는지 그 메커니즘을 알게 된다면 인간의 행동을 어떻게 해석해야 하는지 답을 찾을 수 있을 것이다. 비언어 행동을 조종하는 두개골 안의 약 1.3킬로그램 정도 되는 그 놀라운 물체를 살펴보자.

의식적이든 무의식적이든 뇌는 인간의 모든 행동을 통제한다. 이러한 전제는 모든 비언어 커뮤니케이션을 이해하는 토대가 된다. 단순히 머리를 긁적거리는 것에서부터 교향곡을 작곡하는 것에 이르기까지 뇌의 통제나 명령을 받지 않고 할 수 있는 일은 거의 없다. 심장과 내장을 이루는 몇몇 불수의근을 제외하면 아무것도 없다.

사람들은 뇌가 하나일 것이라고 생각하지만 실제로 두개골 안의 뇌는 크게 셋으로 나뉘어 있다. 이들 세 종류의 뇌는 인체 활동의 모든 것을 통제하는 '지휘통제센터'로서 함께 일한다.

1952년에 미국의 선구적인 뇌 과학자 폴 매클린Paul MacLean은 "인간의 뇌는 파충류 뇌(뇌간), 포유류 뇌(변연계 뇌), 그리고 인간의 뇌(신피질)로 구성돼 있다"라고 발표했다. 여기서 우리는 매클린이 '포유류 뇌'라고 부른 변연계에 집중해야 한다. 왜냐하면 생각하고 느끼고 즉각적으로 반응하는 몸의 언어는 변연계 반응으로 나타나기 때문이다. 변연계란 뇌의 특정부위가 아닌 뇌의 가운데를 연결하는 여러 부위를 일컫는다. 이성적으로 복잡하게 사고하는 뇌인 대뇌 신피질을 통해 인간의 가장 원초적인 반응을 지배하는 변연계 반응을 분석해보자.

행동의 비밀은 변연계에 숨어 있다

비언어 커뮤니케이션은 변연계의 지배를 받는다. 변연계는 상황이나 환경에 대해 생각 없이 반사적이고 순간적으로 반응한다. 따라서 주어진 상황과 환경에 대한 진정한 반응이라고 할 수 있다.

대뇌 안에 자리 잡고 시상을 둘러싸고 있는 변연계는 우리의 직접적인 생존을 책임지고 있기 때문에 한순간도 쉬지 않는다. 늘 '작동 중'에 있는 것이다. 또한 변연계는 감정센터이기도 하다. 뇌의 다양한 부분에 신호를 내보내는 것 역시 변연계가 맡은 역할이다.

이러한 변연계는 감정이나 생존을 위협하는 문제에 직면하면 행동을 지시하는데, 이러한 행동은 손발을 비롯한 몸과 얼굴에

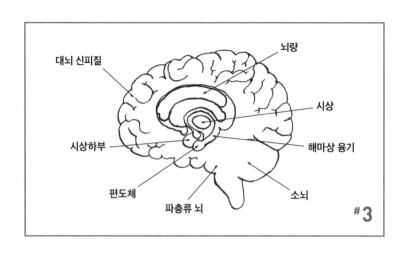

대뇌 신피질
뇌량
시상
시상하부
해마상 융기
편도체
소뇌
파충류 뇌

#3

나타나기 때문에 관찰과 해석이 가능하다. 이처럼 비언어에 관계하는 변연계는 '정직한 뇌'로 알려져 있다.

변연계의 생존 반응은 인류의 조상까지 거슬러 올라간다. 생존 반응은 신경계에 내장돼 있으므로 숨기거나 참기 어렵다. 예를 들면 큰소리가 났을 때 깜짝 놀라는 반응을 억제하려 애써도 드러나는 것처럼 말이다. 변연계 행동이 정직하고 믿을 수 있다는 것은 중요한 사실이다. 그것은 인간의 사고, 감정, 의도의 가장 원초적인 표현이다.

변연계의 영향을 받는 행동은 통제하기 어렵다. 가능한 한 진실한 마음을 감추고 싶다 해도 변연계가 비언어를 통해 단서들을 내보낸다. 이러한 신체 반응을 관찰해 그것이 진실이며 의미심장하다는 점을 인지하는 것은 대단히 중요하다. 심지어 생명을 구하는 데 도움이 될 수도 있다.

한 예로 1999년 12월, 공항에서 근무를 서던 미국의 세관직원인 다이애나 딘이 '새천년 폭파범'으로 알려진 테러범을 붙잡았다. 캐나다에서 미국으로 들어오던 아메드 레삼이 검사관에게 포착됐던 것이다. 레삼이 초조해하며 심하게 땀을 흘리는 모습을 발견한 딘은 좀 더 자세한 조사를 위해 그에게 차에서 내리라고 요청했다. 그때 레삼은 도주하려다 곧바로 체포됐다. 그의 차 안에서 시한폭탄 장치가 발견됐고, 결국 레삼은 로스앤젤레스공항 폭발을 음모했다는 유죄 판결을 받았다.

검사관 딘이 포착한 초조감과 발한은 엄청난 스트레스에 따른 반응으로서 뇌의 명령에 따른 것이다. 이러한 변연계 행동의 진실성을 본능적으로 알고 있던 딘은 레삼을 조사해야 한다고 확신했던 것이다.

레삼 사건은 인간의 심리 상태가 몸에서 어떻게 비언어적으로 드러나는지 잘 보여준다. 발각될까 봐 극도로 두려워하던 레삼은 애써 자신의 감정을 숨기려 했지만, 그의 비언어 행동은 초조감을 드러내고 말았다.

인간의 뇌라고 불리는 우리 뇌의 세 번째 부분은 가장 늦게 두개골 저장소에 추가됐다. 그래서 새로운 뇌를 의미하는 '신피질'로 불린다. 이 부분은 고차원의 인지와 기억을 책임지며 사고하는 뇌, 즉 지적인 뇌라고도 한다. 과학자들은 흔히 이 신피질을 근거로 인간을 다른 포유류와 구분 짓는데, 그 덩어리(피질)의 많은 부분이 사고하는 데 활용된다.

신피질은 인간에게 계산하고 분석하고 해석하고 직관하는 능력을 부여한 중요하고 창의적인 뇌다. 동시에 그것은 가장 정직하지 않은 뇌의 일부이기도 하다. 다시 말해 신피질은 '거짓말하는 뇌'다.

이 뇌는 변연계와 달리 복합사고가 가능하기 때문에 진실을 판별하는 데 있어 세 가지 뇌 구성요소 중 가장 신뢰 수준이 떨어진다. 신피질은 속일 수 있고, 또한 자주 속이는 뇌다.

그러면 앞의 사례로 돌아가보자. 세관직원에게 취조를 당하는 동안 변연계는 새천년의 폭파범에게 하염없이 땀을 흘리도록 강요하는 반면, 신피질은 감정을 속이고 거짓말을 하도록 해준다. 특히 신피질은 말하기 영역을 지배하기 때문에 경찰이 차 안에 뭐가 있느냐고 물었을 때 "차에 폭발장치는 없다"고 말할 수 있다. 물론 그것은 완전한 거짓말이다.

신피질은 친구의 새로운 헤어스타일이 사실 별로 마음에 들지 않아도 예쁘다고 말할 수 있게 해준다. 또한 "나는 르윈스키와 성적 관계를 갖지 않았습니다"라는 확신에 찬 말도 버젓이 하게 한다. 이처럼 신피질은 거짓말을 할 수 있기 때문에 믿을 수 있는 정확한 정보의 출처가 못 된다.

진실을 읽는 데 도움을 주는 것은 변연계가 지배하는 비언어 행동이다. 따라서 우리는 변연계에 집중할 필요가 있다.

인간을 지키는 3단계 생존 메커니즘

변연계가 자연계의 한 종種으로서 인류의 생존을 책임질 수 있었던 가장 중요한 역할은 행동을 통제하는 것이다. 예를 들어 선사 시대의 남성이 무서운 짐승과 맞닥뜨렸을 때, 또는 현대인이 화가 난 상사와 대면했을 때, 또는 위험에 처했을 때 변연계는 즉각 반응하게 한다. 생존을 확보하기 위해 또는 고통이나 위협에 대응하기 위해 뇌가 즉각 취하는 반응은 바로 3F라고 불리는 정지Freeze, 도망Flight, 그리고 투쟁Fight이다.

인간은 이처럼 자신의 생명을 구해주는 본능적 반응을 1천 년 동안 간직해왔다. 이 동물적 유산 덕분에 인간은 변연계의 보호를 받는 다른 동물처럼 오늘날까지 살아남은 것이다. 그 과정에서 변연계는 신뢰할 만한 수많은 비언어를 만들어냈다.

우리는 위협적이거나 위험한 상황에 처했을 때 반응하는 방식을 표현하는 '도망'이나 '투쟁'이라는 말에 익숙하다. 실제로 인간을 포함한 많은 동물이 위험에 반응하는 방식은 정지, 도망, 투쟁의 순서로 이뤄진다. 그러나 우리의 반응이 정말로 도망과 투쟁밖에 없었다면 많은 경우 다치고 폭행당해 생존이 어려웠을 것이다.

인류는 500만 년에 걸쳐 스트레스와 위험을 다루는 이 정교하고 성공적인 과정을 연마해왔다. 그리고 그러한 반응은 다른 사람의 생각, 느낌, 그리고 의도를 이해하는 데 도움이 되는 비언어 행동을 만들어냈다.

정지반응: 위험하면 멈춰라

100만 년 전, 아프리카 사바나를 횡단하던 초기 사람과科의 동물들은 자신보다 더 잘 달리고 강한 포식자와 맞닥뜨리곤 했다. 이때부터 변연계는 포식자의 힘에 대응하는 장점을 갖추는 전략을 개발했다.

그 첫 번째 전략은 포식자나 다른 위험 앞에서 정지하는 것이다. 움직임은 주의를 끌기 때문이다. 변연계는 위험을 감지하자마자 생존을 위해 즉시 행동을 멈추는 방법으로 반응하게 했다. 대부분의 동물, 특히 대다수의 포식자는 움직임에 반응해 주의를 집중하므로 위험 앞에서 정지하는 능력은 생존하는 데 큰 도움이 된다. 육식동물은 대개 움직이는 표적의 뒤를 쫓아 따라잡은 뒤 다리를 걸어 넘어뜨리거나 순식간에 목숨을 끊어버린다. 그래서 많은 동물이 포식자와 맞닥뜨렸을 때 정지반응을 보일 뿐 아니라, 심지어 죽은 척 연기하기도 한다. 죽은 척하는 것은 최고의 정지반응이라고 할 수 있다.

오포섬이라고도 불리는 주머니쥐는 잡히면 죽은 척하는 것으로 알려져 있다. 그렇게 하는 동물이 비단 그들만은 아니다. 실제로 1999년 콜럼바인고등학교 총기 난사 사건과 2007년 버지니

아공대 총기 난사 사건에서 학생들은 치명적인 공격자에게 대응하기 위해 본능적으로 정지반응을 보였다. 살인자로부터 몇 미터밖에 떨어져 있지 않은 상황에서 정지하고 죽은 척함으로써 일부 학생들이 살아남을 수 있었다. 움직임을 멈추면 다른 사람에게 거의 보이지 않기도 하는데, 이는 세계의 모든 군인과 경찰, 스와트(SWAT: 1962년 창설된 미국의 경찰특수기동대) 요원들이 배우는 전략이다.

정지반응은 원시인으로부터 현대인에게 전수됐으며, 오늘날 위협이나 위험에 대한 최우선적인 방어 방식으로 남아 있다. 고대로부터 내려온 이 변연계 반응은 지금도 라스베이거스의 극장에서 펼쳐지는 동물의 쇼에서 볼 수 있다. 쇼가 시작되고 호랑이나 사자가 무대로 걸어 나오면 맨 앞줄에 앉은 사람들이 팔이나 손의 불필요한 움직임을 멈추고 정지하는 모습을 볼 수 있다. 그렇다고 그들이 가만히 있으라는 주의를 받은 것은 아니다. 그들은 단지 변연계가 500만 년에 걸쳐 위험에 처하면 그렇게 행동하라고 준비시켜온 대로 행동했을 뿐이다.

현대사회에서 정지반응은 더욱 미묘하게 이용된다. 특히 속이거나 몰래 훔치다 발각된 경우에 흔히 관찰되는데, 위험이 감지되거나 자신이 노출됐다고 느끼면 조상들이 한 것과 똑같이 반응한다. 즉 정지하는 것이다. 사람은 누구나 위험을 감지하면 정지한다. 심지어 주위에 있는 다른 사람은 위험을 보지 않고도 그 행동을 모방해 정지한다. 이러한 모방 행동은 계속 진화해왔는데, 그 이유는 이러한 행동이 인간이라는 종 내에서 사회적 조화뿐 아니라 공동체의 생존에 결정적인 역할을 했기 때문이다.

몇 주일 전에 나는 어머니 댁에서 다른 가족과 함께 텔레비전을 보며 아이스크림을 먹고 있었다. 그런데 밤늦게 누군가가 현관 벨을 눌렀다(그 동네에서는 흔치 않은 일이다). 아이스크림을 먹던 가족은 일제히 동작을 멈췄다. 마치 단체로 안무 지도를 받은 사람들처럼 말이다. 모두가 거의 같은 순간에 갑자기 동작을 멈추는 모습을 보면서 나는 속으로 놀라움을 금치 못했다. 우리는 그 방문객이 열쇠를 두고 간 여동생임을 알고 폭소를 터뜨렸다.

이 사례는 지각된 위험에 대한 공동 반응이 어떤 것인가를 잘 보여준다. 물론 그것은 첫 번째 변연계 행동인 정지반응이다. 전쟁을 치르는 군인들도 같은 방식으로 반응한다. 선봉장이 멈추면 두말할 필요도 없이 모든 군인이 그 자리에 멈춘다.

정지반응은 종종 '전조등 불빛에 멈춘 사슴'이라고 불린다. 갑자기 잠재적 위험 상황에 처하게 되면 행동을 취하기 전에 즉시 멈춘다. 이러한 정지반응은 길을 걷던 사람이 갑자기 멈추더니 가스밸브를 잠그지 않은 것이 생각나 이마를 손바닥으로 치는 것처럼 무의식적으로 나온다. 갑자기 멈춘 그 순간에 뇌는 위협이 포식자의 형태인지, 아니면 기억된 사고의 형태로 오는지 신속하게 판단한다. 이처럼 변연계는 쉼 없이 잠재적 위험을 다루고 있다.

변연계는 물리적이고 시각적인 위협에 직면했을 때는 물론 청각적 위협 앞에서도 경보를 울린다. 예를 들어 꾸중을 들을 때는 대개 거의 움직이지 않는다. 누군가가 자신에게 대답하기 곤란한 질문을 할 때도 똑같은 행동이 나온다. 마치 전기의자에 앉은 것처럼 꼼짝 하지 않는다. 면접을 볼 때 흔히 숨을 멈추거나 숨이 가빠지는 것은 정지반응과 유사한 현상이다. 이것은 위협에 대한 아주 오래된 반응으로, 지원자는 알아채지 못하지만 주시하고 있는 사람에게는 잘 보인다.

#4
조사를 받는 사람들은 대부분
다리를 꼬거나 의자에 다리를 걸쳐
긴장을 억제하려고 한다.

조사를 받거나 증언을 하는 사람들은 자신의 호흡이 얼마나 가빠지는지 의식하지 못하기 때문에 나는 종종 그들에게 긴장을 풀고 심호흡을 하라는 말을 해주어야 했다. 범행과 관련된 조사를 받는 사람들은 보통 자신의 다리를 꼬거나 의자 다리에 걸쳐 안전한 위치에 고정시키려 한다(의자 다리 뒤에서 두 다리를 교차시킴). 이런 행동이 뚜렷하게 보인다면 그 사람에게 뭔가 문제가 있음을 의미한다. 그가 거짓말을 하고 있을 수도 있고 그렇지 않을 수도 있다. 속임수는 한 가지 행동만으로 곧바로 알아차릴 수 있는 것이 아니다. 그렇지만 이러한 행동은 중요한 단서가 된다. 이때 나는 질문을 던지고 자료를 더 수집해 그들이 불편해하는 이유를 추적한다.

변연계가 이처럼 정지반응과 유사한 현상을 내보내는 까닭은 노출을 줄임으로써 스스로를 보호하기 위해서다. 대표적으로 쇼핑몰의 좀도둑은 대개 불필요한 움직임을 줄이고 등을 구부려 자신의 존재를 감추려 애쓴다. 하지만 역설적으로 이러한 행동은 그들을 더욱 두드러지게 만든다. 왜냐하면 그것은 정상적인 쇼핑 행동에서 벗어난 모습이기 때문이다.

열린 공간에서 몸을 숨기는 또 다른 방식은 자신의 머리를 최대한 노출하지 않는 것으로, 어깨를 올리고 머리를 내리는 행동으로 나타난다. 이를 '거북이 효과'라고 하는데, 경기가 끝난 뒤 패배한 선수가 운동장을 걸어 나가는 모습을 떠올리면 쉽게 이해할 수 있다.

학대당한 어린이는 변연계의 정지반응을 자주 나타낸다. 마치 자신을 보이지 않게 하려는 듯 학대하는 부모나 어른 앞에서 팔을 몸통 옆에 붙이고 가만히 있는 것이다. 그리고 시선 접촉을 피한다. 무기력한 어린이가 열린 공간에서 이런 식으로 숨는 것은 생존을 위한 반응이라 할 수 있다.

#5
어깨를 귀쪽으로 올리는 거북이 효과는 자존심이 상하거나 갑자기 자신감을 잃었을 때 나타나는 행동이다.

도망반응: 멈춰서 해결되지 않을 때 도망쳐라

정지반응은 위험한 포식자가 접근할 때, 또는 위험한 상황에 놓였을 때 발각되지 않기 위해 하는 행동이다. 그런데 이런 정지반응이 위험을 극복하는 데 적절하지 않거나 최선의 행동이 아닐 경우 (예컨대 위협이 너무 가까이 있는 경우) 변연계는 두 번째 방법인 도망반응을 내보낸다. 이 반응은 위협을 당하는 사람에게 상황을 판단하고 최선의 행동을 결정할 기회를 준다.

도망반응은 위협에서 벗어나거나 최소한 위험과 거리를 두는 데 목적이 있다. 도망은 위험으로부터 벗어나도록 뇌가 1천 년 동안이나 인체에 명령해온 효과적인 생존 메커니즘이다. 하지만 야생이 아니라 도시에서 살고 있는 현대인이 세상의 위협으로부터 도망치기는 매우 어렵다. 이에 따라 도망반응은 현대적인 상황에 맞게 바뀌어 나타나고 있다.

예를 들어 달갑지 않은 사람이나 사건이 있을 때면 아예 피하거나 거리를 둔다. 누구든 다른 사람의 지나친 관심이 부담스러워 회피하는 어떤 행동을 취한 적이 있을 것이다. 식탁에서 먹기 싫은 음식을 멀리 떨어뜨려 놓거나 문 쪽으로 발걸음을 돌리는 아이처럼, 좋아하지 않는 사람을 보고 발길을 돌리거나 자신에게 위협이 되는 대화를 피하려 한다.

이런 행동은 눈을 가리거나 비비는 형태, 아니면 손으로 얼굴을 가리는 형태로 나타나기도 한다. 몸을 기울여 약간 거리를 두는 것, 무릎에 지갑 같은 물건을 올려놓는 것, 출입구 가장 가까운 곳으로 다리를 돌리는 것도 다른 사람과 거리를 두는 행동이다. 이 모든 행동은 변연계가 통제하며 원치 않는 사람이나 환경 또는 지각된 어떤 위협으로부터 거리를 두고자 한다는 것을 암시한다.

6
의견이 일치하지 않거나 상대방을 불편하게 느끼면
몸을 약간 멀리해 거리를 둔다.

이런 행동을 하는 이유는 인간이 수백만 년간 자신이 좋아하지 않거나 해를 입힐 수 있는 것으로부터 도망쳐왔기 때문이다. 오늘날에도 현대인들은 재미없는 파티에서 재빨리 벗어나려 하고, 해로운 관계와 거리를 두며, 탐탁지 않은 사람이나 의견 대립으로 맞서는 사람을 멀리한다. 협상이 진행되는 동안 달갑지 않은 제안을 듣거나 위협을 느낀다면 협상 중에라도 언제든 상대에게서 몸을 돌릴 수 있다.

차단하는 행동은 또 다른 형태로 나타나기도 한다. 눈을 가리는 행동은 놀람, 불신, 그리고 의견 차이를 강력하게 보여준다. 자신의 눈을 가리거나 비비며 손으로 얼굴을 가리기도 한다. 테이블이나 상대로부터 몸을 약간 멀리할 수도 있고 가장 가까운 출구 쪽으로 다리를 돌릴 수도 있다. 이것은 속이는 행동이 아니

#7
눈을 가리는 행동은 놀람, 불신,
그리고 의견 차이를 강력하게 보여주는
도망반응 중 하나다.

라 뭔가가 불편 하다는 것을 보여주는 행동이다.

이런 형태의 도망반응은 거리를 두고자 하는 비언어 행동으로 현재 자기 앞에서 일어나고 있는 일이 만족스럽지 못하다는 것을 의미한다.

투쟁반응: 도망칠 수 없다면 싸워라

변연계가 생존을 위해 최후로 선택하는 전략은 공격적인 투쟁반응이다. 위험에 직면했는데 정지반응으로 발각되는 것을 피할 수 없고 거리를 두거나 도망침으로써 위험을 제거할 수 없을 때, 유일하게 남는 대안은 싸우는 것뿐이다. 인간은 진화하는 과정에서 공격자를 물리치기 위해 두려움을 분노로 바꿔 싸우는 전략을 개발했다.

그러나 오늘날에는 분노를 물리적으로 발산하는 것이 불가능하며 합법적이지도 않다. 그래서 변연계는 원시 형태의 물리적인 싸움 말고 다른 전략을 개발해왔다. 현대적인 투쟁반응 중 하나는 논쟁이다. 특히 과열된 논쟁은 비물리적인 방법으로 '싸우는' 것이다. 모욕, 인신공격성 발언, 반증, 직업적인 명예훼손, 몰아세우기, 빈정거림은 모두 투쟁반응의 현대적 산물이다. 예를 들어 소송 당사자들이 두 가지 반대되는 관점을 공격적으로 주장하는 민사소송은 비록 사회적으로 허용되긴 하지만 투쟁과 공격의 현대적인 형태라 할 수 있다.

투쟁반응은 여전히 변연계의 강력한 무기다. 변연계 반응은 한 대 때리기, 다리로 차기, 입으로 물기 외에도 여러 가지 방식으로 나타난다. 가령 눈을 부라리거나 인상을 찌푸려 위협을 가함으로써, 아니면 다른 사람의 사적인 영역을 침범함으로써 신체적인 접촉 없이도 매우 공격적일 수 있다.

개인 영역에 대한 위협은 개인적 수준에서 변연계 반응을 이끌어 낸다. 영역 침입은 개인뿐 아니라 국가 수준에서 변연계 반응을 만들어낼 수도 있다. 한 나라가 다른 나라의 영역을 침입하면 경제적 제재를 받거나 외교관계가 단절되고, 심지어 전쟁이 벌어지기도 하는 것이다.

다른 사람의 물리적 투쟁반응을 인식하는 것은 매우 쉽다. 하지만 내가 분명히 하고 싶은 것은 개인의 투쟁반응과 연관돼 사람들이 보여주는 아주 미세한 행동, 즉 분명하지 않은 반응이다. 정지반응과 도망반응의 변형된 형태처럼 현대의 예절은 위협을 받았을 때 원시적인 형태로 투쟁하지 못하도록 명령한다.

나는 가급적 '투쟁반응(언어적 또는 물리적)'을 자제해야 한다고 강조한다. 투쟁반응은 위협을 다루는 최후의 수단으로 정지와 도망 전략이 효력 없다는 사실이 밝혀진 뒤에 이용해야 한다. 피할 수 있을 때는 언제든 피해야 한다.

내가 이렇게 강조하는 이유는 처음부터 공격적인 전략을 쓸 경우 감정이 혼란스러워지면서 위협적인 상황을 냉철하고 명확

하게 파악하기가 어렵기 때문이다. 나아가 공격적 전략은 법적
또는 물리적으로 문제가 될 수 있다. 감정적으로 흥분하면 상황
을 제대로 파악하기 어렵고, 바로 이런 상황에서 진짜 싸움이 시
작된다. 감정이 폭발하면 인지능력이 제 기능을 못하고, 이때 대
뇌의 모든 이성적 판단을 장악한 변연계 뇌는 투쟁반응에 집중
한다.

비언어 행동을 연구하는 이유 가운데 하나는 누군가가 물리
적으로 해를 가하려 할 때 그 조짐을 미리 파악해 대응하기 위해
서다. 비언어 행동에서 나쁜 조짐이 보일 경우 아예 잠재적 갈등
을 피하거나 경고를 함으로써 피해를 최소화할 수 있다.

미국의 인기 드라마 〈스타트렉Star Trek〉에서 변연계의 역할을
다음과 같이 멋지게 정의내렸다.

"변연계의 최고 목적은 종으로서 인간의 생존을 확보하는 것
이다."

변연계는 위험이나 불편함을 피하고 안전과 편안함을 찾음으
로써 자신을 안전하게 하도록 프로그램돼 있다. 또한 과거에 경
험했던 위험한 충돌을 상기시켜 이용하게 하기도 한다.

왜 아픈 상처는 잊혀지지 않을까?

변연계는 바깥세상으로부터 데이터를 받아 보관하는 컴퓨터

와 같은데, 유쾌한 경험뿐 아니라 부정적인 사건 및 경험을 기록하고 유지한다(예를 들어 난로에 손을 덴 일, 폭행을 당했던 일, 동물의 공격, 상처를 줬던 말 등). 이러한 정보를 이용해 위험하고 잘못된 방향으로 나아가지 않도록 해주는 것이다.

변연계가 일단 어떤 상대를 위험한 것으로 등록하면 그 인상은 기억장치에 깊이 박혀 다음에 그 상대를 본 순간 즉각 반응하게 된다. 마찬가지로 학창시절에 폭력을 휘두른 친구를 20년 뒤에 만났을 때도 변연계는 오래전의 부정적인 감정을 들춰낸다.

과거의 상처를 잊기 어려운 이유는 그 경험이 즉각 반응하도록 설계된 원시적인 뇌, 즉 변연계에 등록돼 있기 때문이다. 최근에 나는 4년 전에 내게 부정적인 영향을 준 어떤 사람과 우연히 마주쳤다. 내 본능적인(변연계) 반응은 그가 다른 사람을 이용한다는 사실을 상기시키며 그에게서 떨어져 있도록 경고했다. 미국의 범죄 예측 전문가인 가빈 드 베커Gavin de Becker 역시 그의 통찰력 있는 책《범죄신호The Gift of Fear》에서 이러한 현상을 정확히 말하고 있다.

변연계는 긍정적인 사건들, 예를 들면 기본 욕구 충족, 칭찬, 즐거운 대인관계 등도 기록하고 유지한다. 따라서 우호적이거나 익숙한 얼굴을 보면 즉각 쾌감과 행복감으로 반응한다. 옛 친구를 만나거나 어린 시절의 기분 좋았던 냄새를 맡으면 행복해지는데, 그 이유는 이러한 경험이 변연계와 연관된 기억은행의 안전지대에 저장돼 있기 때문이다.

편안함을 느낄 때 변연계는 그 긍정적인 감정과 일치하는 신체언어를 드러내 정보를 흘린다. 산들바람이 부는 날 그물침대에 누워 쉬고 있는 사람을 관찰해보라. 그의 몸은 뇌가 경험하는 최고의 편안함을 나타내고 있다. 반대로 괴롭고 불편할 때는 변연계가 부정적인 상태를 반영하는 비언어 행동을 드러낸다.

지금까지는 변연계가 위협이 되는 것을 다루는 데 얼마나 효과적인지 살펴봤다. 이제는 뇌와 몸이 우리를 편안하게 하고 개인의 안전에 대한 확신을 주기 위해 어떻게 일하는지 살펴보자.

거짓말이 의심된다면 상대방의 목을 보라

변연계의 정지, 도망, 투쟁반응이 어떻게 비언어 행동에 영향을 주는지 이해하는 것은 마치 방정식을 푸는 것과 같다. 비언어 행동을 연구하면 변연계 반응이 표출되는 때를 발견하게 되는데, 특히 부정적이거나 위협적인 경험을 진정시키는 행동이 뒤따라온다는 것을 알 수 있다. 흔히 '적응자adapters'로 불리는 이런 행동은 뭔가 불쾌하거나 귀찮은 것을 경험한 뒤에 우리를 진정시키는 데 도움을 준다. 뇌가 우리를 정상 상태로 복구하려 시도할 때, 즉 편안하게 해주려(진정시키려) 할 때는 몸의 협조를 얻는다. 이것은 즉각 읽을 수 있는 외적인 신호이므로 상황을 통해 관찰하고 해석할 수 있다.

진정시키기는 인간에게만 나타나는 독특한 것이 아니다. 예를 들어 고양이와 개는 진정시키기 위해 자기 스스로 핥거나 서로를 핥아준다. 인간의 진정시키기 행동은 그 종류가 더욱 다양한데, 몇몇은 분명하지만 아주 미묘한 것도 있다. 진정시키는 행동이라 하면 사람들은 대개 아기가 엄지손가락을 빠는 행동을 떠올린다.

하지만 나이가 들면 자신을 진정시키기 위해 좀 더 분별력 있고 사회적으로 받아들여질 만한 방식으로 행동한다(껌 씹기, 연필 깨물기 등). 흥미롭게도 대부분의 사람은 미묘하게 진정시키는 행동을 알아 채지 못하거나 그 중요성을 인식하지 못한다. 이것은 불행한 일이다. 비언어 행동을 읽는 데 성공하려면 인간을 진정시키는 방법을 알아채고 해석하는 것이 절대적으로 중요하기 때문이다. 진정시키는 행동은 현재 심리 상태에 대해 많은 것을 보여주며, 특히 놀라울 만큼 정확하다.

한 예로 목을 만지거나 쓰다듬는 것은 스트레스에 반응할 때 가장 자주 나타나는 진정시키기 행동이다. 여성은 흉골상부오목 suprasternal notch이라고 불리는 천돌을 손으로 가리거나 그 부분에 손을 댐으로써 자신을 진정시킨다. 천돌은 울대뼈('아담의 사과'라 불리는 후두의 연골이 약간 튀어나온 부분—옮긴이 주)와 쇄골 중앙에 오목하게 들어간 부분을 가리키며, 목 보조개라고도 한다. 여성이 손으로 이 부분을 만지거나 가리는 것은 대개 괴롭다거나 위협을 느낀다거나 불안하다거나 무서워한다는 뜻이다. 이는 거

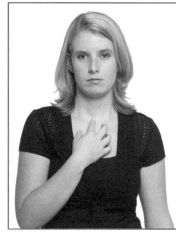

짓말을 하거나 중요한 정보를 숨길 때 탐지되는 중요한 행동 단서다.

언젠가 나는 무기를 소지한 도주자가 자신의 어머니 집에 숨어들었을지도 모른다는 추측 아래 수사를 진행한 적이 있다. 나는 다른 수사관과 함께 그녀의 집에 찾아가 몇 가지 질문을 했다.

내가 "당신 아들이 이 집에 있습니까?"라고 물었을 때, 그녀는 천돌을 문지르며 "아니요. 그 아이는 여기에 없습니다"라고 대답했다. 그녀의 행동에 주목한 나는 몇 분 뒤에 "당신이 직장에 있는 동안 아들이 몰래 집 안에 들어왔을 가능성은 없습니까?"라고 다시 물었다. 그녀는 다시 한번 손을 천돌까지 올리고는 "아닙니다. 그랬다면 내가 알았을 거예요"라고 대답했다.

이때 나는 그녀의 아들이 그 집 안에 있음을 확신했다. 다른 질문에서는 그러지 않았는데 내가 아들이 있을 가능성을 제시할 때만 그녀가 목에 손을 댔기 때문이다. 나는 떠나려고 일어서면서 쐐기를 박기 위해 한 가지 질문을 던졌다.

"당신은 아드님이 이 집에 없다는 것을 확신하시죠, 그렇죠?"

이번에도 그녀는 손을 목으로 가져갔다. 나는 그 집을 수색할 수 있는 영장을 요청했고 결국 옷장 안에 숨어 있던 그녀의 아들을 발견해 체포했다.

나는 상대가 불편해하거나 내 행동 또는 말에 부정적으로 반응할 때 집중해서 진정시키는 행동을 찾아본다. 불편함을 암시하는 행동, 가령 몸을 멀리하기, 얼굴 찡그리기, 팔짱 끼기 등은 뇌가 진정시키기 위해 손의 협조를 얻는 것이다.

또한 나는 마주한 상대의 마음속에서 어떤 일이 일어나고 있는지 확인하기 위해 진정시키는 행동을 찾아본다. 예를 들어 내가 "힐만 씨를 아십니까?"라고 물었을 때 상대방이 "모릅니다"라고 대답하면서 즉시 자신의 목이나 입을 건드리면, 그가 불편함을 진정시키고 있음을 알아챈다. 사람들은 감정적으로 불편하거나 의심 또는 불안이 있을 때 목에 손을 댄다.

물론 이런 행동만 가지고 상대가 거짓말을 하고 있는지 아닌지 섣불리 판단하는 것은 위험하다. 속임수를 탐지하는 것은 매우 어려운 일이다. 하지만 어떤 질문을 받은 사람이 진정시키는 행동을 한다면 나는 그 질문과 관련된 부분에 대해 더욱 자세히 조사한다.

진정시키기는 특히 조사관들이 주목해야 할 중요한 행동이다. 왜냐하면 그러한 행동이 종종 거짓말이나 감춰진 정보를 적발하는 데 도움이 되기 때문이다. 나는 진실을 입증하려 애쓰기보다 진정시키는 신호를 발견하는 데 주력한다. 진정시키는 신호는 특정 주제에 대해 상대가 곤란을 느끼거나 괴로워하는지 파악할 수 있게 하는 동시에 숨겨진 정보가 드러나게 한다.

초조할 때 나타나는 대표적인 행동

진정시키는 행동은 다양한 형태로 나타난다. 스트레스를 받은 사람은 흔히 목을 만지거나 얼굴을 쓰다듬고 머리카락을 만

#9
이마를 문지르는 것은 보통
그 사람이 뭔가와 씨름하고 있거나
심한 불편함을 애써 무시하고자
함을 보여주는 표시다.

지작거린다. 이러한 행동은 거의 자동적으로 일어난다. 뇌가 자신을 진정시켜달라는 메시지를 보내면 손은 즉각 반응해 편안함을 느끼게 하는 행동을 한다. 때로는 입 안에서 혀로 볼 안쪽을 문지르거나 입술을 핥아 진정하기도 하고, 마음을 가라앉히기 위해 볼을 부풀린 채 천천히 숨을 내쉬기도 한다.

볼이나 얼굴에 손을 대는 것은 초조하거나 화가 났거나 걱정될 때 진정시키는 방법이다. 볼에 불룩하게 숨을 머금었다가 내쉬는 것은 스트레스를 방출하고 진정시키는 좋은 방법이다. 중요한 일이 있을 때 사람들이 얼마나 자주 이 행동을 하는지 주의해서 보라.

#10
볼이나 얼굴에 손을 대는 것은 초조하거나 화가 났거나 걱정될 때 진정시키는 방법이다.

#11
볼에 불룩하게 숨을 머금었다가 내쉬는 것은 스트레스를 방출하고 진정시키는 좋은 방법이다.

흡연자의 경우 스트레스를 받으면 담배를 더 많이 피우게 된다. 만약 껌을 씹는다면 더욱 빨리 씹게 된다. 뇌는 진정 효과가 있는 엔도르핀을 방출하기 위해 신경종말을 자극할 뭔가를 하도록 몸에 요구하며, 몸은 진정시키는 행동으로 그 요구를 충족시킨다. 그렇게 해서 뇌는 진정된다. 어려운 질문, 난처한 상황, 스트레스 등의 부정적인 자극에 대한 반응으로 얼굴, 머리, 목, 어깨, 팔, 손, 또는 다리에 손을 대는 것은 모두 진정시키는 행동이다.

#12
불안감이나 불편함을 다루기 위해 남성은 흔히
넥타이를 바로 잡는다. 이 위치는 천돌과 밀접한 곳이다.

남성은 대개 얼굴에 손대는 것을 좋아하는 반면 여성은 목, 옷, 액세서리, 팔, 그리고 머리를 만지는 것을 선호한다. 그렇다고 이런 행동이 문제 해결을 돕는 것은 아니다. 단지 문제를 해결하는 동안 침착하게 있도록 도와줄 뿐이다.

진정시키는 행동은 껌 씹기, 담배 피우기, 더 많이 먹기, 입술 핥기, 턱 문지르기, 얼굴 쓰다듬기, 물건 만지작거리기, 머리카락 잡아당기기, 팔뚝 긁기 등으로 다양하게 나타날 수 있으며 개인적으로 특별히 선호하는 형태도 있다. 어떤 사람은 셔츠 앞쪽을 툭툭 털 거나 넥타이를 바로잡는다. 넥타이를 잡으며 천돌을 가리는 것이다. 이러한 행동은 단순히 모양을 가다듬는 것처럼 보이지만 사실은 손이 어떤 일을 하게 함으로써 긴장을 완화시키고 있는 것이다.

이것 역시 궁극적으로는 변연계의 지배를 받는, 그리고 스트레스에 대한 반응으로 나타난 진정시키는 행동이다. 만약 누군가가 진정시키는 행동을 한다면 속으로 생각해보라.

'이 사람은 왜 자신을 진정시키고 있는 걸까?'

진정시키는 어떤 행동을 특정 스트레스 요인과 연결하는 능력은 상대방의 생각, 감정, 의도를 더욱 정확하게 이해하는 데 도움이 된다.

남자와 여자는 스트레스 해소 방법이 다르다

목에 손을 대거나 쓰다듬는 것은 스트레스에 대응할 때 가장 빈번하게 드러나는 행동이다. 어떤 사람은 손가락으로 목 뒤를 문지르거나 마사지를 한다. 또 어떤 사람은 목의 양옆이나 울대뼈 바로 위의 턱 아랫부분을 어루만진다. 신경종말이 풍부한 목 부근을 어루만져주는 행동은 혈압을 낮추고 심박수를 내리며 마음을 진정시켜준다.

수십 년에 걸쳐 비언어 행동을 연구해온 나는 자신을 진정시키기 위해 목을 만지는 행동에서 남성과 여성 간에 큰 차이가 있다는 사실을 알게 됐다. 남성은 대개 더 거칠게 행동한다. 손으로 턱 바로 아래의 목을 잡거나 감싸서 목의 신경을 자극한다. 그러면 심장박동을 늦추고 진정시키는 효과가 있다. 그리고 남성은 손가락으로 목의 양옆이나 뒤를 어루만지거나 넥타이 매듭과 셔츠 칼라를 바로잡기도 한다. 아주 잠깐 목에 손을 대는 것만으로도 걱정이나 불안감을 완화시키는 데 도움이 될 수 있다. 목에 손을 대거나 마사지하는 것은 강력하고 보편적인 스트레스 제거법이자 완화법이다.

여성은 좀 다르게 행동한다. 여성은 주로 목에 손을 대거나 목을 비비거나 목걸이를 만지작거린다. 앞서도 말했듯이 여성은 스트레스를 받거나 불안감, 공포감, 불편함, 초조감을 느낄 때 손으로 천돌을 만지거나 가린다. 흥미롭게도 임신 중인 여성은 처

#13

남성은 괴로움을 완화시키기 위해 목을 마사지하거나 쓰다듬는다. 목에 손을 대거나 마사지하는 것은 강력하고 보편적인 스트레스 제거법이다.

#14

남성은 대개 여성이 불편함이나 불안감을 다루는 것보다 더 거칠게 목을 가리거나 넥타이를 바로잡는다. 아주 잠깐 목에 손을 대는 것만으로도 불안감을 완화시키는 데 도움이 된다.

음에 목 쪽으로 갔던 손이 나중에는 배 쪽으로 옮겨간다.

테이블에 마주 앉아 대화를 나누고 있는 부부를 관찰해보라. 만약 부인이 목걸이를 만지작거리기 시작한다면 십중팔구 마음이 불안한 것이다. 그녀가 손을 목(천돌)으로 가져갔다면 걱정거리가 있거나 불안해하고 있을 가능성이 크다. 이때 그녀가 오른손을 목에 댄다면 대개는 왼손으로 오른쪽 팔꿈치를 감싼다.

스트레스를 받는 상황이 끝나거나 불편한 외중에도 휴식시간이 있다면, 그녀의 오른손이 내려와 굽힌 왼팔을 교차해 잡고 이

완할 것이다. 그러다 다시 긴장감이 감돌면 그녀의 오른손은 목으로 한 번 더 올라간다. 거리를 두고 그 모습을 지켜보면 스트레스 수준에 따라 손이 팔에서 목까지 올라갔다 다시 내려오는 스트레스 측정기 바늘처럼 보일지도 모른다.

스트레스로 인한 몸의 변화를 읽어라

얼굴에 손을 대거나 얼굴을 쓰다듬는 것은 스트레스를 진정시키기 위한 반응이다. 이마 문지르기와 만지기, 입술 핥기, 엄지와 검지로 머리카락 잡아당기기, 얼굴이나 턱수염 쓰다듬기, 머리카락 만지작거리기 등은 모두 스트레스를 받는 상황에 대면했을 때 마음을 진정시키는 데 도움이 된다. 앞서 말한 것처럼 어떤 사람은 볼을 부풀렸다가 천천히 숨을 내쉬면서 진정시키는데, 이때 얼굴의 신경종말이 자극을 받으면서 변연계가 회복될 수 있도록 몸의 이상적인 영역으로 만들어준다.

휘파람을 부는 것도 스트레스를 진정시키는 행동이 될 수 있다. 낯선 지역이나 어둡고 인적이 드문 길을 걷고 있을 때 마음을 진정시키기 위해 휘파람을 부는 사람도 있다. 어떤 사람은 스트레스를 받는 동안 자기 자신에게 말을 걸어 마음을 진정시키기도 한다. 내 친구 하나는 초조하거나 화가 나면 계속 지껄여댄다. 경우에 따라 손으로 연필을 두드리는 것처럼 촉각과 청각을 동

시에 사용해 진정시키기도 한다.

스트레스 상황에 있는 사람은 때로 지나치게 하품을 한다. 하품은 심호흡의 한 형태지만 스트레스를 받는 동안 입이 마르기 때문에 인체는 하품으로 침샘에 압력을 가한다. 불안할 때 하품을 하면 입 안과 주위의 다양한 구조가 늘어나면서 마른 입 안으로 수분이 방출된다. 이 경우 하품의 원인은 수면 부족이 아니라 스트레스다.

그런가 하면 몸의 한 부분을 통풍시키는 행동을 하기도 한다. 대개는 남성이 손가락을 셔츠 칼라와 목 사이에 넣고 피부에 맞닿아 있는 셔츠를 떼어놓는 행동을 말한다. 통풍시키는 행동은 스트레스에 대한 반응으로, 주어진 환경에서 경험하는 뭔가 때문에 기분이 별로라는 것을 나타내는 표시다. 여성은 이 비언어 행동을 보다 미묘하게 나타내는데, 대표적으로 블라우스 앞을 통풍시키거나 목을 통풍시키기 위해 머리카락을 뒤쪽 위로 쓸어 올린다.

스트레스를 받으면 추운 듯 팔짱을 끼고 팔뚝을 손으로 문지르는 사람도 있다. 이런 행동은 엄마가 어린아이를 안아주는 방식을 연상시키는데, 안전을 느끼고 싶을 때 자신을 진정시키기 위해 선택하는 행동이다. 그러나 만약 팔짱을 끼고 앞쪽으로 몸을 기울여 반항적인 모습을 보이는 것은 절대 자신을 진정시키는 행동이 아니다!

면접을 볼 때 피해야 할 행동

진정시키는 행동 중 다리 문지르기는 흔히 책상이나 테이블 아래에서 일어나는 일이므로 그냥 지나치기가 쉽다. 이때 한쪽 손(또는 양쪽 손)의 손바닥을 아래로 해서 한쪽 다리(또는 양쪽 다리) 윗부분에 놓은 다음 무릎을 향해 손을 미끄러뜨린다. 이 행동을 한 번만 하는 사람도 있고 마사지를 하듯 여러 번 하는 사람도 있다. 불안감으로 땀이 난 손바닥을 닦기 위한 행동일 수도 있지만 주로 긴장감을 없애기 위한 행동이다. 다리를 문지르는 비언어 행동은 스트레스를 받고 있다는 표시이므로 특별히 관찰해 볼 필요가 있다.

이러한 행동을 식별하는 한 방법은 테이블 아래에 팔을 두고 있는 사람을 관찰하는 것이다. 상대방이 다리를 문지를 때는 보통 팔의 위쪽과 어깨가 함께 움직이는 것을 볼 수 있다.

　내 경험상 다리를 문지르는 행동을 알아차리는 것은 매우 중요하다. 다리 문지르기는 부정적인 사건에 대한 반응으로 즉각 발생하기 때문이다. 나는 수년 동안 범죄를 저지른 용의자에게 아주 불리한 증거가 제시되는 경우 이러한 행동을 볼 수 있었다. 다리 문지르기는 두 가지를 한꺼번에 해낸다. 손바닥의 땀을 닦는 동시에 촉각적 어루만짐을 통해 자신을 진정시키는 것이다.

#16
스트레스를 받거나 초조해지면 사람들은 자신을 진정시키기 위해 무릎 위에 손바닥을 문지르는 경향이 있다. 이 행동은 대개 테이블 밑에서 이뤄지기 때문에 그냥 지나치기 쉽지만 이는 불편함이나 불안감에 대한 분명한 신호다.

또한 한 쌍의 남녀가 불청객 때문에 귀찮은 일을 겪거나 방해받을 때, 또는 어떤 사람이 누군가의 이름을 기억하려 애쓸 때도 이 행동을 볼 수 있다.

특히 경찰 수사에서 조사가 시작될 때 손과 다리의 진정시키기 행동이 나타난다. 그리고 곤란한 질문이 나올 경우 그런 행동은 점점 증가한다. 질문을 받았을 때 다리 문지르기의 횟수와 세기가 증가하는 것은 질문이 불편함을 초래했다는 좋은 단서가 된다. 이런 현상은 범죄를 숨기기 위해 거짓말을 하거나 말하고 싶지 않은 부분을 지적당했을 때 나타나기 때문이다.

이런 행동은 조사받는 사람이 질문에 어떤 대답을 해야 할지 고민할 때도 발생한다. 팔의 움직임을 주의 깊게 살핌으로써 테이블 아래에서 어떤 일이 일어나고 있는지 주목하라. 그러면 정말로 많은 정보를 모을 수 있을 것이다.

한 지원자가 면접에서 면접관에게 여러 가지 질문을 받았다. 면접은 지원자가 네트워킹과 인터넷의 중요성을 말하기 전까지는 모든 것이 순조로워 보였다. 면접관은 그의 말을 듣고 칭찬했고, 마지막으로 혹시 페이스북을 사용하고 있는지 물었다.

그때 면접관은 지원자가 오른손으로 자기 다리를 격하게 문지르는 것을 보았는데, 수차례나 허벅지를 벅벅 문질렀다. 면접관은 곧바로 면접에 와줘서 고맙다고 말하고 그를 내보냈다. 면접관은 자신의 컴퓨터로 돌아와 그 지원자의 프로파일에 페이스북 주소가 있는지 살펴보았다. 거기에 그의 주소가 있었고, 그가 남긴 글에는 훗날 회사와 동료를 난처하게 만들 내용들이 가득 차 있었다고 한다.

다리 문지르기 행동을 판단할 때 주의해야 할 것이 있다. 속이고 있는 사람뿐 아니라 죄 없이 단순하게 불안감을 느끼는 사람에게서도 그런 행동이 관찰되곤 하기 때문이다. 그러므로 속단하지 말고 신중해야 한다. 다리 문지르기를 해석하는 최선의 방법은 그 행위가 진정시키고자 하는 뇌의 반응임을 인식하는 것이다. 따라서 행동을 통해 힌트를 얻었다면 행동의 이유를 더 자세히 조사해야 한다.

스트레스 정보를 파악하는 8가지 지침

진정시키고자 하는 비언어 행동을 발견하고 그 사람에 대한 정보를 얻으려면 몇 가지 지침을 따라야 한다.

1. 진정시키는 행동이 일어나는 때를 알아야 한다. 이러한 몸의 신호를 발견하기 위해 노력한다면 다른 사람과의 관계를 개선하고 발전시키는 데 큰 도움이 된다.
2. 개인의 성격에 따라 진정시키는 기준선을 설정한다. 그러면 진정시키는 행동의 증가나 강도의 차이를 알아차릴 수 있다.

3. 누군가가 진정시키는 행동을 하면 "저런 행동을 하게 된 원인은 무엇일까?" 생각해보자. 상대방이 뭔가에 대해 불편하게 생각한다는 것을 인식했다면 비언어 정보를 수집해 그것이 무엇인지 찾아내야 한다.

4. 진정시키는 행동은 대개 스트레스를 받은 사람이 마음을 가라앉히려고 할 때 드러난다는 것을 이해하라. 따라서 누군가가 진정시키는 행동을 하고 있다면 그 전에 스트레스를 주는 사건이나 자극이 있었고, 그 사건이나 자극이 진정시키는 행위를 일으킨 원인이라고 가정할 수 있다.

5. 진정시키는 행동과 그것을 초래한 스트레스 요인을 연결해 파악할 줄 알게 되면 상대방을 더욱 잘 이해할 수 있다.

6. 특정한 상황에서 상대의 생각이나 의도를 더 잘 이해하기 위해, 그리고 그것이 그에게 스트레스를 주는지 알아보기 위해 간단한 테스트를 해보라.

7. 상대가 몸의 어느 부분을 진정시키는지 주목하라. 이것은 매우 중요하다. 스트레스가 클수록 얼굴이나 목을 만지는 정도가 더 심해지기 때문이다.

8. 스트레스나 불편함이 클수록 진정시키는 행동이 뒤따를 가능성도 커진다.

진정시키는 행동은 편안함과 불편함을 평가하는 중요한 수단이다. 진정시키는 행동은 변연계 반응의 증거가 될 수 있으며, 감정 상태와 진정으로 어떻게 느끼고 있는가에 대해 많은 것을 보여준다.

우리는 일부 반사작용을 제외한 모든 행동이 뇌의 지배를 받는다는 것을 알았다. 그리고 두개골 안의 세 개의 뇌 가운데 신피질과 변연계가 어떻게 다른지 살펴보았다. 물론 두 가지 뇌 모두 중요한 기능을 하지만 비언어 커뮤니케이션을 이해하기 위해서 우리는 정직한 뇌로 불리는 변연계를 주목했다. 변연계는 진정한 생각과 감정을 보여주는 중요한 비언어 행동을 일으킨다.

어쩌면 뇌의 반응을 알게 되었다고 해서 비언어 행동을 탐지하고 해석하는 것을 쉬운 일로 생각할지도 모른다. 실제로 나는 그런 질문을 자주 받는다. 그 답은 '예'이기도 하고 '아니오'이기도 하다. 일단 이 책을 읽으면 어떤 비언어 단서가 눈에 들어올 것이다. 그때 신기해서 감탄을 할 수도 있다. 그렇지만 사람의 보디랭귀지에는 보다 미묘하고, 그래서 발견하기 어려운 행동도 있다. 그러므로 우리는 변연계 뇌가 몸에서 이끌어내는 분명한 행동과 미묘한 행동 모두에 집중해야 한다. 꾸준히 연습한다면 복잡한 길을 건너기 전에 좌우를 모두 살펴보듯 그것을 자연스럽게 해석할 수 있다.

PART 3

얼굴, 감정의 리트머스 시험지

인간은 이제 표정을 숨기는 데 대체로 능숙해졌다. 사람들은 간혹 자신의 감정을 숨기려고 애쓰기 때문에 세심하게 관찰하지 않으면 표정이 보내는 비언어 신호를 발견하기 어렵다. 얼마 전 나는 볼티모어에서 오는 비행기를 기다리고 있었다. 그때 티켓 카운터에서 내 옆에 있던 남성은 자신의 등급이 퍼스트클래스로 올라갔다는 반가운 소식을 듣고 미소를 억제하려 했다. 자신의 행운에 기쁨을 표현하는 것은 등급이 상향조정되길 기다리는 다른 승객에게 무례해 보일 수도 있다고 생각했기 때문이다. 그는 좋은 소식을 알리기 위해 아내에게 전화를 걸었다. 소곤소곤 얘기했기 때문에 대화의 내용이 들리지는 않았지만 그의 발은 마치 생일선물이 개봉되길 기다리는 아이의 발처럼 아래위로 흔들리고 있었다.

표정은 인간을 다른 모든 종과 구분되게 하고 지구상에서 가장 표현이 풍부한 동물로 만든 진화의 축복이다. 표정은 세계 어디에서든 보편적인 언어 역할을 한다. 표정이라는 범세계적 언어는 태곳적부터 보편적 언어가 없던 인간 사이의 이해를 촉진시키는 역할을 해왔다.

우리는 누군가가 놀라거나 관심이 있거나 지루해하거나 피곤해하거나 걱정하거나 좌절한 것을 표정으로 재빨리 알아챌 수 있다. 또한 친구가 화가 났는지 의심하는지 만족하는지 고뇌하는지 망설이는지도 알 수 있다. 표정이 말해주는 것을 어떻게 해석해야 하는지 특별히 배운 적은 없지만, 그것을 알고 행하고 해석하며 의사소통을 한다.

인간의 얼굴은 한없이 다양한 표정을 만들어낼 수 있도록 입, 입술, 눈, 코, 이마, 그리고 턱을 통제하는 다양한 근육을 풍부하게 부여받았다. 인간은 만 가지 이상의 다른 표정을 만들어낼 수 있다고 한다.

이러한 다양성 덕분에 특별히 억제하지 않는 한 얼굴의 비언어는 상당히 정직하다. 행복, 슬픔, 분노, 두려움, 놀람, 혐오, 기쁨, 화, 수치, 고뇌, 관심 등은 보편적으로 인식되는 얼굴 표현이다. 아기, 어린이, 10대, 그리고 성인의 얼굴에 나타난 불편함은 어디에서나 공통적으로 인식된다. 마찬가지로 더할 나위 없이 좋다고 알려주는 표정도 구별할 수 있다.

이처럼 얼굴은 인간의 감정을 정직하게 나타내지만, 그렇다고 항상 진짜 감정을 표현하는 것은 아니다. 스스로 어느 정도 표정을 통제할 수 있기 때문이다.

어린아이는 부모로부터 싫어하는 음식이 앞에 있더라도 얼굴을 찌푸리지 말라고 배운다. 또한 좋아하지 않는 사람에게 인사할 때 미소를 짓도록 강요받는다. 이처럼 얼굴로 거짓말을 하라고 배우기 때문에 이따금 진짜 감정이 새어나가긴 해도 표정에 나타나지 않도록 하는 데 매우 능숙하다.

얼굴을 이용해서 거짓말을 하면 보통 연기를 한다는 말을 듣는다. 실제로 정상급 배우들은 요구에 따라 허구의 감정을 만들어내기 위해 어떤 표정이든 지을 수 있다. 그런데 불행하게도 사기꾼이나 그보다 더한 반사회적인 사람도 똑같이 할 수 있다. 그들은 다른 사람을 속이고자 할 때 거짓말, 거짓 미소, 가짜 눈물은 물론 표정까지 얼마든지 가장한다.

그래도 표정은 그 사람이 생각하고 느끼는 것에 대해 의미 있는 통찰력을 제공한다. 물론 이러한 신호는 위조될 수도 있으므로 비언어 단서를 비롯해 여러 가지 행동에 주목해야 한다. 표정을 상황에 맞게 평가하고 다른 비언어 행동과 비교하면 뇌가 처리하고 느끼고 의도하는 것을 밝히는 데 도움을 얻을 수 있다.

인간의 뇌는 어깨 위쪽에 있는 모든 신체 부위를 표현과 커뮤니케이션을 위한 하나의 캔버스로 이용하는 경향이 있으므로 여기서는 얼굴과 목을 하나로 언급할 생각이다.

얼굴에 스치는 속마음을 잡아라

부정적 정서, 다시 말해 불쾌, 혐오, 반감, 두려움, 분노 등은 사람을 긴장하게 만든다. 그러한 긴장은 다양한 방식으로 나타나는데, 얼굴은 긴장을 드러내는 여러 가지 단서를 동시에 보여줄 수도 있다. 아마도 턱 근육의 경직, 콧구멍 팽창, 실눈 뜨기, 입술 떨림, 입술 꽉 다물기 등으로 나타날 것이다. 더 자세히 살펴보면 눈의 초점이 고정돼 있고 목이 뻣뻣하며 머리가 기울어지지 않았다는 점이 발견된다.

스스로 긴장했다고 말하지 않더라도 이러한 징후가 보인다면 그 사람은 화가 나 있고 그의 뇌가 어떤 부정적 정서를 처리하고 있다는 것을 알 수 있다. 이런 부정적 정서의 단서는 전 세계적으로 유사하게 나타나므로 그 단서를 찾아보는 것은 가치 있는 일이다.

화가 났을 때는 비언어 행동 몇 가지가 동시에 나타날 수도 있고, 금방 사라지거나 아니면 오래 지속될 수도 있다. 옛날 서부 영화에서 총싸움 전에 상대방을 향해 실눈을 뜨고 있던 클린트 이스트우드를 생각해보라. 그 모습은 주인공이 느끼는 감정을 모두 말해준다. 하지만 배우는 관객이 감정을 잘 읽을 수 있게 표정을 짓도록 훈련받은 사람들이다. 실제로는 이런 비언어 단서를 발견하기가 매우 어렵다. 왜냐하면 그것이 미묘하거나 의도적으로 판단을 흐리게 할 수 있으며, 아니면 단순히 못 보고 지나칠 수도 있기 때문이다.

 # 17
실눈을 뜨고 이마를 주름지게
하면서 얼굴을 찡그리는 것은
고통과 불편함의 표시다.

실눈을 뜨고 이마를 주름지게 하면서 얼굴을 찡그리는 것은 고통과 불편함의 표시다. 예를 들어 긴장의 표시로 턱이 경직되는 것을 생각해보라. 비즈니스 회의 후에 임원이 동료에게 "내가 그 제안을 했을 때 빌의 턱이 얼마나 굳어지는지 봤어?"라고 물을 수 있다. 물론 그가 듣는 대답은 "아니, 못 봤어"이다.

생각과 의도는 얼굴 주름에 나타난다

얼굴로는 분명 부정적인 비언어 신호를 내보내면서 입으로는 긍정적인 말을 쏟아내는 경우가 상당히 많다. 최근에 참석한 파티에서 자신의 자녀들이 좋은 직장에 다니고 있어서 무척 기쁘다고 말하는 사람을 만났다. 주위에 있던 사람들이 모두 그를 축하해주었다. 그런데 그때 그는 별로 인자해 보이지 않는 미소를 지었으며 턱 근육은 굳어 있었다. 그의 말과 얼굴은 상당히 다르게 말하고 있었다. 나중에 나는 그의 아내로부터 아이들이 전망도 없는 직장에 다니고 있는 것에 대해 남편이 매우 화가 나 있다는 사실을 들었다.

보통 사람은 얼굴에 나타난 단서를 잘 놓친다. 왜냐하면 다른 사람을 빤히 쳐다보지 말라고 배웠기 때문이다. 또한 어떤 표정으로 말하는가보다 무엇을 말하고 있는가에 더 집중하기 때문이다.

사람들은 간혹 자신의 감정을 숨기려고 애쓰기 때문에 세심하게 관찰하지 않으면 표정이 보내는 비언어 신호를 발견하기 어렵다. 더구나 얼굴에 나타난 단서는 금방 사라지는 탓에 포착하기가 더 힘들다. 가벼운 대화에서 이처럼 미묘한 행동은 그다지 중요하지 않을 수 있지만, 중요한 사람들과의 관계(연인, 부모와 자식, 비즈니스 동료, 취업 면접 등)에서 스치듯 드러나는 긴장 표현은 깊은 정서적 갈등의 반영일 수도 있다. 인간의 의식적인 뇌는 변연계 감정을 감추려고 애쓰는 경우가 많으므로 상대의 깊은 생각과 의도를 정확히 읽으려면 표정에 드러나는 신호를 간파해야 한다.

기쁨에 찬 많은 얼굴 표정은 비록 쉽고 보편적으로 인지되는 비언어 신호일지라도 다양한 이유로 억제되었거나 감춰질 수도 있기 때문에 발견하기가 매우 어렵다. 예를 들어 포커게임에서 좋은 패를 쥐었거나, 더 많은 보너스를 받게 된 사실을 동료가 알기를 바라지 않을 때는 기쁜 표정을 드러내지 않는다. 자신의 행운을 드러내는 것이 현명치 않다고 판단하고 기쁨이나 흥분을 감추는 것이다. 하지만 주의 깊게 관찰하면 미세한 행동으로 나타나는 미묘하거나 억제된 긍정적 비언어 신호를 포착할 수 있다. 가령 얼굴은 갑작스런 흥분을 새어나가게 하는데, 그 순간적인 표정은 눈치 빠른 관찰자라도 포착하기가 어려울 수 있다. 그럴 때 발을 본다면 흥분을 추가적으로 확증해주는 증거를 제공해 긍정적 감정이 진짜라는 믿음을 입증해준다.

얼마 전 나는 볼티모어에서 오는 비행기를 기다리고 있었다.

그때 티켓 카운터에서 내 옆에 있던 남성은 자신의 등급이 퍼스트클래스로 올라갔다는 반가운 소식을 듣고 미소를 억제하려 했다. 자신의 행운에 기쁨을 표현하는 것은 등급이 상향조정되길 기다리는 다른 승객에게 무례해 보일 수도 있다고 생각했기 때문이다. 그는 좋은 소식을 알리기 위해 아내에게 전화를 걸었다. 소곤소곤 얘기했기 때문에 대화의 내용이 들리지는 않았지만 그의 발은 마치 생일선물이 개봉되길 기다리는 아이의 발처럼 아래위로 흔들리고 있었다. 그의 행복한 발은 그가 얼마나 기뻐하는지 추가적인 정보를 제공해주었다. 관찰 내용을 좀 더 정확히 하고 싶다면 다른 비언어 신호를 찾아보라.

기쁨의 진짜 감정은 얼굴과 목에 나타난다. 이마에 팬 주름살을 느슨하게 하고 입 주변 근육의 긴장을 없애며 입술이 완전히 펴지게 한다. 또한 눈 주위를 둘러싼 근육이 이완되고 눈 부위가 커짐으로써 긍정적 정서가 드러난다.

정말로 편안할 때는 얼굴 근육이 이완되고 머리는 가장 취약한 부위인 목을 드러내며 약간 옆으로 기우는 경향이 있다. 이는 상당히 편안하다는 것을 보여주는 표현으로, 불편하거나 긴장하고 있거나 위협을 받을 때는 흉내조차 내기가 어렵다.

낯선 사람들로 가득 찬 엘리베이터 안에서 머리를 옆으로 기울여보고, 거기 타고 있는 동안 그대로 가만히 있어보라. 대부분의 사람에게 이런 행동은 쉽게 할 수 없는 과제다. 왜냐하면 머리 기울이기는 정말로 편안할 때만 하는 행동이기 때문이다. 모르는 사람에게 둘러싸인 엘리베이터 안에서 그런 행동을 하기는 정말 어렵다. 엘리베이터 안에서 누군가를 똑바로 쳐다보며 머리를 기울여보라. 완전히 불가능하지는 않더라도 매우 어려운 일이라는 사실을 알게 될 것이다.

아주 작은 동공은 진실을 말하고 있다

'마음의 창'이라 불리는 눈은 다양한 방법으로 감정이나 생각

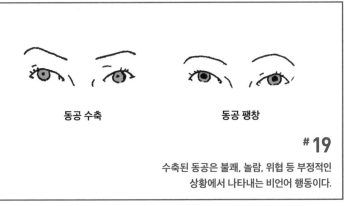

동공 수축　　　　　　동공 팽창

19

수축된 동공은 불쾌, 놀람, 위협 등 부정적인
상황에서 나타내는 비언어 행동이다.

의 비언어 정보를 제공한다. "거짓말을 하고 있는 당신의 눈"이라
는 노랫말이 있긴 하지만 실제로 눈은 유용한 정보를 표현한다.
눈은 어느 정도 감정의 정확한 척도가 될 수 있고, 그것을 통제하
는 일은 간단하지 않다.

　얼굴의 다른 부위와 달리 눈 안과 주변 근육은 위험으로부터
눈을 보호하기 위해 진화해왔다. 눈동자 안쪽의 근육은 동공을
수축시킴으로써 과도한 빛으로부터 민감한 수용기들을 보호하
고, 눈 주위의 근육은 위험한 물체가 다가오는 즉시 시야를 가려
버린다.

　이런 자동적인 반응 덕분에 눈은 인간의 얼굴에서 상당히 정
직한 부위라고 할 수 있다. 그러면 사람들의 생각과 의도를 통찰
하는 데 도움이 되는 눈의 특정한 행동을 고찰해보자.

　좋아하는 무언가를 보고 있을 때 동공은 팽창한다. 물론 그

반대의 경우에는 동공이 축소된다. 동공은 의식적 통제가 불가능하며, 순식간에 빛의 변화와 같은 외부자극과 생각의 변화에 따른 내부자극 모두에 반응한다.

크기가 작은 동공을 관찰하기란 어려운 일이고, 특히 검은 눈동자는 더욱 그러하다. 더구나 크기의 변화는 매우 빠른 속도로 일어난다. 때문에 눈의 비언어 신호가 유용하다는 것을 알면서도 대부분은 상대가 좋아하는 것과 싫어하는 것을 평가할 때 그 신호를 무시한다. 아니면 그 유용성의 가치를 낮게 취급한다.

사람의 눈은 자극을 받거나 놀라거나 갑자기 뭔가와 맞닥뜨렸을 때 커진다. 동공 역시 팽창하면서 되도록 많은 빛을 받아들여 최대한의 시각적 정보를 뇌에 보낸다. 이 놀람 반응은 수천 년간 많은 도움이 되어왔다. 그러나 정보를 처리하려는 순간에 그 정보가 부정적으로 지각될 경우, 이를테면 불쾌한 놀람이나 실제 위협일 경우에 동공은 순식간에 수축된다.

눈썹과 실눈의 이중플레이

1989년 국가안보와 관련된 문제로 한 스파이를 조사하게 되었다. 모든 회유방법이 총동원되었다. 애국심에 호소하고 무고한 수백만 명의 목숨을 구해야 한다며 아무리 설득해도 그는 연루된 사람들의 이름을 밝히지 않았다. 사건은 미궁에 빠져버렸다.

다른 스파이들은 여전히 도주 중이었으므로 미국에 심각한 위협이 되고 있었다.

우리가 대안을 찾지 못해 고민하고 있을 때 내 동료이자 머리 좋은 정보분석가인 마크 리저Marc Reeser가 비언어 신호를 이용해 보자고 제안했다. 우리는 그 스파이에게 리저가 준비한 카드 32장을 제시했는데, 그중에는 그가 함께 일했거나 도왔을 가능성이 높은 용의자의 이름이 적힌 카드가 있었다. 그가 카드를 한 장씩 볼 때 우리는 부드러운 질문으로 각 인물에 대해 아는 것을 말하게 했다.

우리가 그의 답변에 특별히 관심이 있었던 것은 아니다. 그는 거짓말에 능한 사람이었기 때문이다. 오히려 우리는 그의 얼굴을 주시하고 있었다. 두 사람의 이름을 본 순간 그의 눈이 커지다가 동공이 재빨리 수축됐으며 그런 다음 가늘게 실눈을 떴다. 무의식적으로 그는 두 사람의 이름이 눈에 들어오는 걸 좋아하지 않았고 위험에 처했다고 느낀 것이다. 어쩌면 그들이 그에게 자신들의 이름을 밝히지 말라고 위협했을 수도 있다.

그가 보인 동공 수축과 실눈 뜨기는 우리가 가진 유일한 단서였다. 그는 자신의 비언어 신호를 인식하지 못했고 우리도 그 사실에 대해 말하지 않았다. 그러나 우리가 그 신호를 발견하지 못했다면 결코 그 두 인물을 파악하지 못했을 것이다. 우리는 그 두 사람이 사건에 연루되어 있다는 사실을 밝혀냈다. 지금까지도 그 스파이는 우리가 어떻게 자신의 공범자들을 알아냈는지 모르고

#20

우리는 빛이나 못마땅한 것을 차단하기 위해 눈을 가늘게 뜬다. 화가 났거나 심지어 우리가 좋아하지 않는 목소리, 소리, 혹은 음악을 들었을 때도 실눈을 뜬다.

#21

실눈 뜨기는 아주 잠깐(8분의 1초)일 수 있지만 부정적인 생각이나 정서를 즉각 반영한다.

있다.

사람은 동공을 수축시킴으로써 스스로를 방어하거나 효과적으로 도망치기 위해 앞에 놓인 모든 것을 분명하고 정확하게 보게 되어 있다. 이것은 카메라 조리개의 작동 방식과 유사하다. 조리개가 작을수록 초점 거리가 확대되고 가까이 그리고 멀리 있는 모든 것에 대한 초점은 더욱 분명해진다.

만약 급히 돋보기가 필요한데 당장 사용할 수 있는 것이 없다면 작은 종잇조각에 바늘구멍을 뚫어 눈앞에 들고 있으면 된다. 그 작은 구멍이 보려고 하는 대상에 초점을 맞춰줄 것이다. 동공이 최소로 수축되지 않을 경우에는 눈을 가늘게 떠서 눈을 보호하는 동시에 조리개가 되도록 작아지도록 하라.

몇 년 전 어느 날, 딸아이와 함께 걷는데 갑자기 친구를 만났는지 한 여자아이를 보면서 낮게 손을 흔들며 실눈을 떴다. 나는 그들 사이에 뭔가 부정적인 일이 있었음을 직감하며 어떻게 아는 사이냐고 물었다. 딸아이는 고등학교 때 같은 반 친구였는데 전에 말다툼을 한 적이 있다고 대답했다. 손을 낮게 흔든 것은 사회적 관습에서 비롯된 행동이지만, 눈을 가늘게 뜬 것은 7년간 쌓인 부정적 감정을 솔직하게 드러낸 표현이었다. 딸아이는 실눈을 뜨는 행동이 그 친구에 대한 자신의 진짜 감정을 폭로한다는 것을 인식하지 못했으나 나에게는 그 정보가 표지판처럼 눈에 들어왔다.

이러한 현상은 비즈니스 세계에서도 나타난다. 거래처 사람이나 고객이 계약서를 읽는 동안 갑자기 눈을 가늘게 뜬다면 계약서 내용의 어떤 문구 때문에 고심한다는 증거다. 불편함이나 의심은 즉시 그들의 눈에 드러나지만, 본인은 계약서 내용과 자신의 의견이 다르다거나 마음에 들지 않는다는 메시지를 보내고 있다는 것을 결코 깨닫지 못할 것이다.

어떤 사람은 마음을 심란하게 하는 뭔가를 목격한 뒤에 눈썹이 아래로 처지기도 한다. 치켜 올라간 눈썹은 충만한 자신감과 긍정적 감정을 의미하지만, 내려간 눈썹은 부족한 자신감과 부정적 감정의 신호로서 약함과 불안을 나타낸다.

눈썹이 처지고 실눈을 뜨는 동작에는 몇 가지 의미가 있다.

서로 다른 의미를 구분하려면 눈썹 움직임의 정도와 그 상황을 조사할 필요가 있다. 가령 공격적이거나 대립적일 때는 눈썹이 내려가고 실눈을 뜨는 경향이 있다. 위험이나 위협에 대면했을 때도 마찬가지로 눈썹이 아래로 처진다. 귀찮거나 불쾌하거나 화가 났을 때도 이렇게 한다. 이때 마치 실패한 아이처럼 눈썹이 처지는 것은 약함과 불안의 보편적인 신호다.

연구 결과 교도소의 죄수들은 새로운 입소자의 성향을 파악하기 위해 눈썹의 움직임을 살펴본다고 한다. 비즈니스 관계에서 상대방의 약점이나 강점을 알고 싶다면 눈썹의 움직임을 관찰하라.

눈을 가리는 행동의 비밀

어떤 카메라보다 놀라운 기능을 자랑하는 인간의 눈은 정보를 받아들이는 첫 번째 수단으로 진화해왔다. 인간은 변연계의 생존 메커니즘인 '눈 가리기'를 통해 정보를 검열하고 삭제한다. 이는 달갑지 않은 이미지를 '보는 것'으로부터 뇌를 보호하기 위함이다.

실눈 뜨기나 동공 수축을 통해 눈 크기가 줄어드는 것은 무의식적으로 차단하는 행동의 한 형태다. 그리고 차단하는 모든 행동은 걱정, 싫어함, 의견 불일치, 잠재적 위협 등에 대한 지각의 표시다. 눈 가리기는 아주 보편적이고 자연스러운 비언어 행동이

#22

손으로 눈을 가리는 것은
"나는 방금 듣거나 본 것 또는 알게 된 것을
좋아하지 않는다"라고 말하는 행동이다.

#23

대화 도중 눈 위에 손을 대는 것은
논의 주제에 대한 부정적 자각의
단서가 될 수 있다.

#24

정보를 듣고 뜸을 들인 다음
눈을 뜨거나 눈을 오래 감고 있는 것은
부정적 정서나 불쾌감의 표시다.

#25

눈꺼풀을 꽉 내리누르면서
눈을 감는 것은 부정적 뉴스나 사건이
뇌 속에 들어오지 못하게 완전히
차단하려는 노력의 표현이다.

기 때문에 사람들은 대부분 이러한 동작을 놓치거나 그 의미를 무시한다.

예를 들어 누군가에게 나쁜 소식을 전해 들었을 때를 생각해 보라. 아마 자신도 모르는 사이에 눈꺼풀이 내려와 분명 잠깐 동안 눈이 감길 것이다.

이런 유형의 차단 행동은 그 기원이 아주 오래된 것으로 뇌에 프로그래밍되어 있다. 심지어 자궁 안의 태아도 시끄러운 소리를 들으면 눈을 가린다. 더욱 놀라운 사실은 장님으로 태어난 아이들도 나쁜 소식을 들었을 때 눈을 가리는 경향이 있다는 점이다. 어떤 끔찍한 소리를 들었을 때 눈을 가린다고 해서 막을 수 없음을 알면서도 인간은 변연계로부터 나온 눈 가리기 행동을 한다. 아마도 그러한 동작이 뇌에 일시적인 휴식을 주거나 가장 깊은 감정을 전달하는 데 도움을 주는 것으로 보인다. 그 이유야 뭐든 뇌는 여전히 이 행동을 강요한다.

눈 가리기는 나쁜 소식이 방송되는 때건 안 좋은 일이 들이 닥쳤을 때건 어떠한 비극적인 사건에서도 관찰된다. 한 손을 컵 모양으로 만들어 양쪽 눈을 덮기도 하고 손을 펴서 각각의 눈에 한 손씩 얹거나 신문지 또는 책 같은 물건으로 얼굴 전체를 가리기도 한다. 심지어 마음속 생각도 이러한 반응을 강요할 수 있다. 예를 들어 잊었던 과거의 뭔가를 갑자기 기억해낸 사람은 자신의 실책을 곰곰이 생각하면서 순간적으로 눈을 감고 심호흡을 한다.

눈 가리기 행동은 그 사람의 생각과 감정에 대한 강력한 표시다. 이러한 행동은 부정적 상황에 직면하자마자 실시간으로 발생하며, 대화 도중에 어떤 정보가 상대방에게 잘 받아들여지지 않았다는 것을 알려주는 좋은 신호가 되기도 한다.

눈 가리기 행동은 보통 마음을 불편하게 만든 무엇을 보거나 듣는 것과 관련이 있지만, 자신감이 부족하다는 표시가 될 수도 있다. 대부분의 다른 신체언어와 마찬가지로 눈 가리기 반응은 어떤 중요한 사건이 일어난 직후에 발생했을 때 가장 믿을 만하고 유용하다. 만약 상대가 특정 정보를 들은 직후 또는 어떤 제안을 받자마자 눈 가리기를 했다면 뭔가가 잘못됐으며 그가 곤란해한다는 것을 말해준다. 그 사람과의 성공적인 인간관계를 쌓고 싶다면 즉시 다른 방법을 찾아야 한다.

사랑을 할 때 우리의 눈은 어떻게 변할까?

긍정적 감정을 보여주는 눈의 행동은 많이 있다. 아기의 눈은 엄마가 방으로 들어올 때 관심과 만족을 나타내며 커진다. 사랑이 충만한 엄마 역시 똑같이 이완돼 눈이 커지고 아기는 엄마의 눈을 응시하며 편안함을 느낀다. 커진 눈은 긍정적 신호로서, 기분을 좋게 해주는 뭔가를 바라보고 있음을 나타낸다.

만족과 긍정적 정서는 동공 확장으로 나타나는데, 이때 뇌는

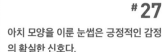

"나는 내가 보고 있는 것을 좋아한다. 내가 더 잘 볼 수 있도록 해다오!"라고 말하는 것이다. 자기가 보고 있는 것 때문에 정말로 기쁠 때는 동공이 확대될 뿐 아니라 눈썹도 올라가(아치형) 눈주위를 넓히기 때문에 눈이 더 커 보인다. 어떤 사람은 눈을 가능한 한 크게 뜨고 눈의 조리개를 극적으로 확대해 '플래시벌브 (flashbulb, 섬광) 눈'이라고 알려진 모습을 만들어낸다. 플래시벌브 눈은 눈을 크게 뜬 표정으로, 보통 놀람이나 행복한 일들과 관련이 있다.

인간의 눈은 좋아하는 누군가를 보았을 때 또는 한동안 못 보던 사람을 우연히 만나 놀랐을 때 동공이 확장되면서 커진다. 회사에서 상사가 눈을 크게 뜨고 누군가를 바라본다면, 상사가 정말

#28
블래시벌브 눈은 우리가 누군가를 보고 흥분했을 때 혹은 우리가 감출 수 없는 행복함으로 가득 차 있을 때 나타난다.

로 그를 좋아하거나 그가 뭔가를 아주 잘했다고 생각해도 좋다.

연애나 비즈니스, 아니면 친구를 사귈 때도 이 긍정적 신호를 통해 상대방의 마음을 확인할 수 있다. 상대방의 눈이 커질수록 상황은 더 좋아진다. 반면 실눈 뜨기, 눈썹 처짐, 동공 축소처럼 상대방의 눈이 작아진다면 행동을 바꿔야 한다.

한 가지 주의를 주자면 동공 확대와 축소는 조명, 특정한 의학적 조건, 약물 변화처럼 정서나 사건과 관계없는 요인으로 초래될 수도 있으니 이러한 요인을 고려하라. 그렇지 않으면 잘못된 판단을 내릴 수도 있다.

눈이 극적으로 커지는 현상은 눈썹 올리기나 긍정적 감정을 경험하는 중에 마치 스타카토처럼 아주 빨리 일어난다. 일반적으로 이 행동은 유쾌한 놀람의 표시로 인식되며 강조와 강렬함을 보여준다.

사람들이 눈썹을 올리고 눈을 크게 뜨면서 "와!" 하고 말하는 모습을 자주 볼 수 있다. 이는 긍정적이고도 정직한 표현이다. 특히 상대가 이야기를 하다가 중단하면 눈썹을 올리며 주목하게 된다. 그러나 하고 싶지 않은 말을 할 때는 눈을 통한 강조가 조금도 나타나지 않는다. 이런 행동은 단순히 관심이 낮다는 것을 반영하기도 하고 말하는 내용이 사실이 아닐 때도 발생한다.

곁눈질은 믿지 못하거나 납득할 수 없을 때 나타나는 행동으로, 머리와 눈이 함께 움직인다. 곁눈질을 하고 짧게 눈을 굴리면 머리도 함께 움직이게 된다. 이러한 곁눈질하기는 주로 상대를 의심하거나 상대가 하는 말의 타당성에 의문이 들 때 나타난다.

#29
우리는 믿지 못하거나
납득할 수 없을 때 곁눈질을 한다.

때로 이 신체언어는 아주 빠르게 나타나기도 한다. 또한 만남의 처음부터 끝까지 곁눈질하는 상태가 지속되는 경우도 있는데, 실례가 되기보다 강한 호기심과 조심성이 있음을 보여주는 비언어 행동이다. 이러한 비언어 행동은 비교적 발견하기 쉬우며 "아직은 당신이 말하는 내용을 믿을 수가 없어요"라는 메시지를 담고 있다.

권력을 가진 사람의 시선 두기

흔히 좋아하는 마음이나 호기심이 있을 때, 또는 위협하고자 할 때는 상대를 똑바로 쳐다보게 된다. 연인은 엄마와 아기가 그렇듯 빈번하게 서로의 눈을 응시한다. 다른 한편으로 누군가를 꼼짝 못하게 하거나 위협할 때도 직접적으로 응시한다. 한마디로 뇌는 사랑, 관심, 증오를 전달하기 위해 '강한 응시'를 이용한다. 따라서 좋아함(이완된 미소)과 싫어함(굳은 턱, 꽉 다문 입술)을 판단하려면 눈 응시 행동과 더불어 얼굴의 다른 표현에 주목해야 한다.

대화를 하다가 갑자기 먼 곳을 하염없이 바라보는 것은 한 가지 생각에 더욱 몰입하기 위한 행동이다. 이러한 행동은 간혹 무례함이나 상대방을 거부하는 것으로 오해를 받지만 사실은 그렇지 않다. 또한 속임수나 무관심의 신호도 아니며, 오히려 편안함의 표현이다. 사실 편안하지 않으면 그렇게 할 수 없다. 단지 눈길을 돌리고 있다는 이유로 속인다거나 무관심하다거나 화가 나 있다고 가정하지 마라. 먼 곳을 바라보면 생각이 좀 더 명료해지기 때문이다.

눈길을 다른 곳으로 돌리는 데는 여러 가지 이유가 있다. 아래를 응시하는 동작은 마음속으로 어떤 생각을 하면서 감정 또는 느낌을 처리하거나 복종을 나타내는 것일 수 있다. 여러 문화권에서 아래를 응시하거나 시선을 돌리는 행위는 보통 권위나 지위가 높은 인물 앞에서 두드러지게 나타난다. 아이들은 부모나 어른에게 벌을 받을 때 겸허하게 아래를 보라고 배운다. 또 당황스러운 상황이 발생했을 때 주변 사람들은 예의상 시선을 돌릴 수 있다. 그러므로 눈길을 돌리는 것을 속임수의 신호라고 단정하지 마라.

과학적 연구를 통해 지배적인 위치에 있는 사람은 눈 응시에서 더 자유롭게 행동한다는 것이 입증됐다. 그들은 자신이 원하는 곳은 어디든 바라본다. 하지만 아랫사람은 볼 수 있는 장소와 시간에 제한을 받는다. 일반적으로 아랫사람은 윗사람을 멀리서 응시하는 반면, 윗사람은 아랫사람을 시각적으로 무시하는 경향이 있다. 다시 말해 지위가 낮은 사람은 윗사람은 응시할 때 주의해야 하지만 지위가 높은 사람은 아랫사람에게 무관심하다. 왕은 자신이 원하면 누구라도 자유롭게 바라본다. 그러나 신하는 심지어 뒤로 물러날 때조차 몸은 왕을 향해야 하며 시선을 아래 둔다.

나는 많은 면접관으로부터 입사 지원자가 마치 자신이 그 장소를 소유한 것처럼 두리번거리는 것을 싫어한다는 말을 들었다. 두리번거리는 행동은 스스로를 '무관심한 사람' 또는 '우월한 사람'으로 보이도록 만들기 때문에 항상 나쁜 인상을 남긴다. 만약 취업 면접을 보는 동안 말하고 있는 사람에게 눈의 초점을 맞추지 않는다면, 아무리 그 회사에서 일하고 싶다고 밝힐지라도 결코 기회를 얻지 못할 것이다.

휴 그랜트 연기력의 비밀은 눈에 있다?

인간은 자극을 받거나 괴로울 때, 초조하거나 근심스러울 때 눈을 깜빡거리는 횟수가 증가하고, 이완되면 정상으로 돌아온다. 빠르게 눈을 깜빡거리는 행동은 마음의 갈등을 반영할 수도 있다. 좋아하지 않는 말을 들었을 때는 눈꺼풀이 떨리기도 한다. 마찬가지로 대화를 하다가 자신을 표현하는 데 어려움을 겪을 때도 그런 경향이 있다.

눈꺼풀의 움직임을 관찰하면 상대방의 마음을 읽고 그에 따라 적절하게 행동을 조절하는 데 큰 도움이 된다. 예를 들어 사교 모임이나 비즈니스 회의에서 노련한 사람은 다른 사람들의 마음 상태를 알아보기 위해 유심히 상대를 관찰한다. 누군가의 눈꺼풀이 자주 움직이고 있다면 그는 곤란을 겪고 있는 것이다. 아주 정확한 이 비언어 행동은 그 사람에게 문제가 발생하는 순간에 시작되는 경향이 있다. 대화를 하다가 눈꺼풀이 떨리기 시작하면 그 주제가 논쟁의 여지가 있거나 받아들이기 힘든 것일 수 있으므로 주제를 바꿀 필요가 있다.

특히 이런 신호가 갑자기 나타나면 더욱 주목해야 한다. 눈 깜빡임이나 눈꺼풀 떨림은 매우 다양하게 나타나므로 그 사람의 생각과 감정에 대한 통찰력을 얻으려면 횟수가 증가하거나 갑자기 사라지는 경우를 잘 관찰해야 한다.

눈꺼풀 떨림은 인간의 행동이나 정보 전달 및 수용에 대한 노력을 잘 보여준다. 영국의 영화배우 휴 그랜트는 어리둥절한 모습, 어안이 벙벙한 모습, 분투하는 모습, 또는 곤경에 처한 모습을 전달하기 위해 눈 떨림을 적절히 사용한 배우로 유명하다. 리처드 닉슨 대통령이 연설할 때 "나는 악한 사람이 아니다(I am not a crook)"라고 말하는 대목에서 눈 깜빡임 횟수가 증가했다는 점도 중요한 의미로 해석할 수 있다.

사실 거짓말을 하고 있든 아니든 스트레스를 받으면 눈 깜빡임의 빈도가 증가하는 경향이 있다. 나는 빌 클린턴 대통령이 취임식 때 선서하는 동안 그의 행동 변화를 분석했는데, 스트레스의 영향을 받았는지 그의 눈 깜빡임 횟수는 평소보다 다섯 배나 증가했다.

눈을 깜빡거리는 횟수가 증가했다는 이유만으로 누군가를 거짓말쟁이로 부를 수는 없다. 대중 앞에서 질문을 받는 등의 스트레스를 받으면 누구라도 눈 깜빡임 횟수가 증가할 수 있기 때문이다.

가식적인 미소는 진짜 미소와 어떻게 다를까?

입은 눈과 마찬가지로 더욱 효과적으로 다른 사람들을 대할 수 있도록 상대적으로 믿을 만한 신체언어다. 하지만 입도 거짓 신호를 내보내도록 뇌에 의해 조작될 수 있다. 그러므로 입으로 표현되는 보디랭귀지를 해석할 때는 주의해야 한다.

연구를 통해 인간은 가짜 미소와 진짜 미소를 모두 지을 수 있다는 사실이 밝혀졌다. 사람들은 별로 가깝지 않은 사람을 만났을 때 의무감으로 가짜 미소를 짓는다. 반면 진정으로 마음이 가는 사람과 상황에서는 진짜 미소를 짓는다.

연습을 하면 가짜 미소와 진짜 미소를 구분하는 데 그리 오래 걸리지 않는다. 가장 쉬운 방법은 그 사람이 다른 사람에게 어떻게 인사하는가를 관찰하는 것이다. 예를 들어 당신의 비즈니스파트너가 A를 좋게 생각하고 B를 싫어하는 상황에서 둘 다 파티에 초대했다면 그가 문 앞에서 A와 B를 맞이할 때의 얼굴을 관찰해 보라. 당신은 전혀 시간을 들이지 않고 미소의 두 가지 모습을 구별할 수 있을 것이다.

일단 가짜 미소와 진짜 미소를 구별할 수 있으면 상대가 자신에 대해 어떻게 생각하는지 그 진정한 마음을 알 수 있고, 거기

#30
진짜 미소는 눈을 주름지게 만들고
입 양쪽 가장자리를
눈 쪽으로 끌어올린다.

#31
가짜 혹은 예의 바른 미소는
입 양쪽 가장자리가 귀 쪽을 향해
움직이고 눈은 거의 변화가 없다.

에 맞게 반응할 수 있다. 또한 자신의 아이디어나 제안이 상대에게 어떤 느낌을 주는지 알아내기 위해 다른 유형의 미소를 찾아볼 수도 있다. 이때 상대가 순수한 미소를 보인다면 그 아이디어는 더 자세히 검토되고 신속히 처리해야 할 목록이 되겠지만, 그 반대의 경우에는 재평가되거나 뒤로 미뤄져야 한다. 이러한 미소 척도는 모든 대인관계에서 다른 사람의 감정에 관한 정보를 제공한다.

진짜 미소는 눈과 입 주위에 있는 두 근육의 작용으로 나타난다. 입 가장자리에서 광대뼈까지 쭉 뻗은 대관골근(큰광대근)과 눈 주위를 둘러싼 안륜근(눈둘레근)이 그것이다. 두 가지가 함께 움직일 때 입 양쪽 가장자리를 끌어올리고 눈 바깥쪽 가장자리를 주름지게 해 친숙하고 따뜻한 미소의 눈가 주름을 만들어낸다.

반면 예의상 가짜 미소를 지을 때 입 가장자리는 소근(입꼬리당김근)을 사용해 비스듬히 늘어난다. 이때 입 양쪽 가장자리를 비스듬히 끌어당기긴 해도 진짜 미소처럼 위로 들어올릴 수는 없다.

흥미롭게도 태어난 지 몇 주일 된 갓난아기는 엄마를 위해 완전한 관골근 미소를 짓고, 다른 사람을 위해서는 소근 미소를 짓는다. 정말 기쁘지 않다면 대관골근과 안륜근 모두를 완전히 사용하는 미소를 지을 수 없다. 진짜 미소는 진심이 없을 때는 꾸미기 어려운 행동이다.

입술을 앙다물수록 자신감도 사라진다

만약 국회에서 증언하는 정치인의 얼굴에서 입술이 입속으로 말려들어가 사라진 것처럼 보인다면, 스트레스 때문이다. 확신하건대 입술이 사라지는 것보다 스트레스를 더 잘 나타내주는 신호는 거의 없다. 스트레스를 받는 사람들은 무의식적으로 입술을 사라지게 만드는 경향이 있다. 치아로 양쪽 입술 안쪽을 누르는

#32
입술이 사라질 때는 보통
그 행동을 하게 하는 스트레스나
불안 요소가 있음을 보여준다.

것은 변연계가 문을 닫고 몸 안으로 아무것도 허용하지 말라고 말하는 것이나 다름없다. 어떤 심각한 문제에 열중하는 순간 입술은 사라진다. 이 모습을 우리는 '입술 압착'이라고 부른다.

입술 압착은 부정적 감정을 실시간으로 생생하게 보여주고, 그 사람이 곤경에 처해 있고 뭔가가 잘못돼 있다는 분명한 신호다. 그렇다고 그 사람이 속이고 있음을 의미하진 않으며 단지 그 순간에 스트레스를 받고 있음을 뜻한다.

나는 수사를 하거나 진술을 받을 때 상대의 얼굴에서 입술 압착이 나타나는지 관찰한다. 이런 동작은 믿을 만한 단서로, 어려운 질문을 받는 그 순간에 정확히 나타난다. 그렇다고 거짓말하고 있음을 의미하는 것은 아니다. 어떤 특정 질문이 부정적 자극을 줌으로써 그 사람을 괴롭혔다는 것을 암시한다.

예를 들어 내가 어떤 사람에게 "뭔가 숨기는 게 있습니까?"라고 묻는다고 해보자. 그 질문을 받은 사람이 입술을 압착하면 그는 뭔가 숨기고 있는 것이다. 조사를 진행하는 동안 그때 유일하게 입술이 사라지거나 입술 압착을 보였다면 더욱 정확하다. 그 사람을 더 조사해볼 필요가 있다는 것을 암시하는 신호다.

다음에 나오는 일련의 그림(#33~36)은 입술이 점진적으로 완전한 모양에서 압착된 입술로 변해가는 모습을 보여준다. 특히 그림 36에서 뒤집힌 U자 같은 모양을 할 때 입 가장자리가 어떻게 아래로 내려가는지 눈여겨보라. 이것은 엄청난 괴로움이나 불편함의 표시로, 극도의 스트레스를 경험하고 있다는 신호다.

나는 강의를 할 때 학생들에게 입술을 사라지게 하거나 압착한 다음 서로를 돌아보게 한다. 그러면 그들은 입술이 사라졌을 때 그 모양이 보통 일직선으로 나타난다는 것을 깨닫는다. 이렇게 일부러 시도할 때는 대개 입의 양쪽 가장자리가 뒤집힌 U자 모양이 되지 않는다. 왜냐하면 정말로 괴롭거나 몹시 슬프지 않은 상태에서는 흉내 내기 힘든 변연계 반응이기 때문이다.

어떤 사람에게는 입꼬리가 내려간 것이 정상이고 괴로움을 반영하는 정확한 신호가 아니라는 점도 명심해야 한다. 그러나 대부분의 경우에는 부정적 사고나 감정에 대한 정확한 신체언어다.

#33

입술이 양옆으로 완전히 펴져 있을 때
보통은 만족스러운 상태다.

#34

스트레스가 있을 때 입술은
사라지고 단단해지기 시작한다.

#35

스트레스나 걱정을 반영하는 입술 압착은
입술이 사라지는 지점까지 진행될 수 있다.

#36

입술이 사라지고 입 양쪽 꼬리가 뒤집힌 U자 모양으로
내려갈 때 감정과 자신감 수준은 가장 낮은 지점에 있다.
반면 불안, 스트레스, 걱정은 최고조에 이른 모습이다.

내가 얘기할 때 그 사람은 왜 입술을 오므렸을까?

다른 누군가와 이야기하는 동안 입술을 오므리는 경우가 종종 있다. 이러한 행동을 발견하면 의견을 주장하거나 대화를 지배하는 방법을 결정하는 데 도움이 된다. 상대의 입술 오므리기가 의견의 불일치 때문인지, 아니면 그가 대안을 고려하고 있기 때문인지 밝히려면 추가적인 단서를 모을 수 있을 만큼 충분히 관찰해야 한다.

재판 과정에서 최종 변론에 이르렀을 때 종종 입술 오므리기가 나타나기도 한다. 한 검사가 말하는 동안 상대편 변호사는 의견이 일치하지 않는다는 의미로 입술을 오므린다. 판사 역시 보조회의에서 변호사들과 의견이 일치하지 않을 때 입술을 오므린

#37
의견이 일치하지 않거나
가능성 있는 대안을 생각하고 있을 때,
우리는 입술을
오므리거나 주름지게 한다.

다. 재판 내용을 검토할 때 입술을 오므리는 행동을 발견하면 검사가 반대편 변호사의 의도나 쟁점을 해석하는 데 도움이 된다. 범죄 수사에서도 수사관이 잘못된 정보를 들이댔을 때 용의자는 의견이 일치하지 않는다는 뜻으로 입술을 오므린다.

입술 오므리기는 비즈니스 세계에서 자주 일어나는 동작이므로 주어진 상황에 대한 정보를 수집하는 수단으로 활용할 필요가 있다. 예를 들어 계약서 내용을 검토할 때 특정 항목이나 문장이 언급되는 순간 의문이 들거나 반대하는 사람은 입술을 오므린다. 또한 승진 명단을 발표하는 경우 달갑지 않은 사람의 이름이 언급되면 입술을 오므린다. 입술 오므리기는 매우 정확히 드러나므로 의식적으로 관찰하면 생활에서 큰 도움이 되는 행동이다. 수많은 상황에서 나타나는 그 행동은 양자택일을 고려하거나 언급하고 있는 내용을 거절할 수 있다는 믿을 만한 표시다.

비웃음은 결별을 예고하는 강력한 신호

비웃음은 눈 굴리기와 마찬가지로 경멸할 때 드러나는 보편적인 행동이다. 비웃을 때는 얼굴 양 옆의 볼근(위아래의 두 턱뼈에서 시작해 두 입술에 붙은 근육)이 입꼬리를 귀 쪽을 향해 옆으로 끌어당기고 볼에 비웃음의 보조개를 만들어내기 위해 수축한다. 비록 한순간 살짝 나타날지라도 이런 표정은 뇌리에 깊게 남을

뿐더러 그 의미도 치명적이다.

비웃음은 그 사람의 마음속에서 무슨 일이 벌어지고 있는지
보여주고 어떤 일에 관한 징조가 된다. 워싱턴대학의 존 가트맨
John Gottman 심리학 박사는 부부를 대상으로 한 심리치료 도중에
발생하는 한쪽이나 양쪽 파트너의 비웃음은 결별의 가능성을 예
고하는 '강력한 신호'라는 사실을 발견했다. 비웃음으로 무시나
멸시를 느끼는 관계는 문제가 있는 것이다. 가망이 없는 관계일
수도 있다. 나는 범죄를 수사하는 과정에서 용의자가 수사관보다
자신이 더 많이 알고 있다고 생각하거나 수사관이 사건의 전모
를 모른다는 점을 감지했을 때 비웃는 것을 보곤 했다. 어떤 상황
에서든 비웃음은 다른 사람에 대한 무시 또는 경멸의 명확한 신
호다.

혀로 표현하는 감정

혀의 다양한 표현은 생각과 기분에 대해 유용한 정보를 제공한다. 스트레스를 받으면 입이 마르는데 이때 입술을 핥는 것은 정상이다. 또 불편할 때면 스스로를 진정시키기 위해 혀로 입술을 앞뒤로 문지르는 경향이 있다. 한 가지 일에 열중할 때 혀를 (보통 옆으로) 내밀기도 하고(마이클 조던이 덩크슛을 하려고 점프할 때 자주 나타난 행동이다), 싫어하는 사람을 경멸할 때(아이들은 항상 혀를 내밀어 놀린다)도 혀를 내민다.

스트레스와 관련된 입술 깨물기, 입에 손대기, 입술 핥기, 물건 깨물기 같은 입과 관련된 행동은 불안함을 드러낸다. 입술을 핥는 것은 진정시키는 행동이다. 위로하고 진정시키는 그 행동은 시험 직전의 교실에서 많이 볼 수 있다. 특히 보통 때보다 더 많은 시간을 들이면서 입술에 손을 대거나 입술을 핥으면 불안하다는 표시다.

혀 내밀기는 어떤 부담에서 벗어났다고 생각하거나 무슨 짓을 하다가 들킨 사람에게 주로 나타난다. 나는 러시아의 벼룩시장에서, 맨해튼 남부의 노점에서, 라스베이거스의 포커판에서, FBI의 수사 과정에서, 그리고 비즈니스 회의에서 이런 행동을 숱하게 보아왔다. 그 사람은 어떤 거래의 끝맺음이나 최종의 비언어 행동으로 혀를 입술에 닿지 않고 치아 사이에 두는 행동을 한다. 이러한 동작은 상호작용의 마무리 단계에서 무의식적으로 나

#39

입술을 핥는 것은 진정시키는 행동이다.
위로하고 진정시키는 이런 행동은 시험
직전의 학생들에게서 많이 볼 수 있다.

#40

혀 내밀기는 해서는 안 될 일을 하다가
들켰거나 긴장이 되거나 어떤 부담에서
벗어났을 때 잠깐 나타난다.

타나며 그 의미는 상황에 따라 다르다. 몇 가지 의미를 살펴보면
들켰다, 기분이 매우 좋다, 부담에서 벗어났다, 어리석은 짓을 했
다, 장난이 심했다 등이 있다.

　이 책의 원고를 검토하고 있을 때 대학 카페의 한 점원이 내
앞에 있는 학생에게 주문한 것과 다른 샐러드를 갖다주었다. 그
학생이 제대로 달라고 하자 점원은 혀를 이 사이로 내밀고는 마
치 "어머, 내가 실수했군요"라고 말하듯 어깨를 으쓱했다. 혀 내
밀기는 해서는 안 될 일을 하다가 들켰거나 긴장이 되거나 어떤

부담에서 벗어났을 때 잠깐 나타난다.

비즈니스 회의에서 혀 내밀기는 보통 대화가 마무리 단계에 들어갈 무렵 두 가지 경우에 나타난다. 하나는 그 대화로 어떤 부담에서 해방된 사람에게, 다른 하나는 부담에서 벗어나는 데 실패한 사람에게서 볼 수 있다. 만약 상대방이 혀를 내미는 모습을 봤다면 방금 무슨 일이 있었는지 자문해보라. 자신이 속임을 당했는지, 아니면 상대방이 실수를 했는지 생각해보라. 이때는 누군가가 자신을 속이고 있지 않은지도 조사해야 한다.

다양한 얼굴 변화가 말하는 것

1) 찌푸린 이마

이마나 눈썹을 찌푸리고 얼굴을 찡그리는 것은 대개 불안하거나 슬프거나 집중하고 있거나 걱정스럽거나 당황했거나 화가 났을 때 나타난다. 찌푸린 이마는 뭔가 불편하거나 걱정하고 있음을 드러낸다. 행복하고 만족스러울 때는 이런 행동을 거의 볼 수 없다. 이마에 나타난 주름의 진정한 의미를 파악하려면 상황을 주의 깊게 살펴볼 필요가 있다.

교대 시간이 임박해 현금을 정산해야 하는 슈퍼마켓 직원은 금전등록기 서랍을 열고 이마를 잔뜩 찌푸린 채 집중한다. 막 체포돼 이송되는 범죄자도 이마를 찌푸린다. 이때는 이치에 맞지

41

찌푸린 이마는 뭔가 불편하거나 걱정하고 있음을 드러낸다. 행복하고 만족스러울 때는 이런 행동을 거의 볼 수 없다.

않거나 마음에 안 드는 상황이라서가 아니라 도망갈 수 없다는 것을 알기 때문이다.

찡그리기는 포유류에게만 나타나는 아주 오래되고 보편적인 행동이다. 심지어 개도 인간의 찌푸림을 인식한다. 개 역시 불안하거나 슬프거나 집중할 때 유사한 표정을 드러내곤 한다. 흥미롭게도 나이가 들고 경험이 쌓일수록 이마는 더 깊은 주름을 만들어내며 결국 영구적인 주름이 된다. 미소로 생긴 영구적인 주름이 행복한 삶을 의미하는 것과 마찬가지로 이마에 깊은 주름이 진 사람은 어려운 삶을 살아왔을 가능성이 크다.

2) 콧구멍 팽창

콧구멍이 벌어지는 것은 자극을 받았음을 의미하는 얼굴 단서다. 연인들의 콧구멍은 흥분과 기대로 미묘하게 벌렁거린다.

흔히 연인들은 페로몬으로 알려진 성적 냄새를 흡수할 때 무의식적으로 이런 행동을 한다.

콧구멍 팽창은 신체적으로 뭔가를 하려는 강력한 의도를 보여주는데 반드시 성적인 행동은 아니다. 예를 들면 가파른 계단을 오르려 하거나 책장을 옮기려고 준비할 때도 나타난다. 신체적으로 어떤 행동을 하기 전에 보통 호흡을 가다듬으면서 콧구멍을 벌렁거리게 되는 것이다.

만약 길거리에서 아래를 내려다보고 코를 벌렁거리며 발은 권투 선수 자세를 한 사람과 마주친다면, 그는 세 가지 중 하나를 하려고 준비하는 것으로 의심할 수 있다. 그 세 가지는 바로 논쟁, 도주, 그리고 싸움이다. 만약 공격할 가능성이 있거나 달아날 이유가 있는 누군가와 함께 있다면 반드시 콧구멍이 팽창하는지 지켜보고 있어야 한다. 콧구멍 팽창은 또한 자녀에게 주시하도록 가르쳐야 할 행동 가운데 하나다. 당신의 아이들은 학교나 운동장에서 친구들이 언제 위험하게 변할지 잘 알아차리게 될 것이다.

3) 손톱 물어뜯기

거래가 마무리되기를 기다리는 사람이 손톱을 물어뜯는다면 확신이 부족하다는 의미다. 손톱 물어뜯기는 스트레스와 불안 또는 불편함의 표시다. 거래 과정에서 아주 잠깐이라도 그런 모습을 보이는 사람을 발견한다면 그가 자신감이 부족하거나 약자의 위치에서 교섭 중이라고 가정해도 좋다.

취업 면접을 보는 사람이나 데이트 상대가 도착하기를 기다리는 젊은 남성은 절대 손톱을 물어뜯어서는 안 된다. 그것은 보기 흉할 뿐 아니라 "나는 불안해요"라고 말하는 것이나 다름없기 때문이다.

4) 얼굴이 붉어지거나 하얗게 될 때

때로는 감정 상태에 따라 자신도 모르는 사이에 얼굴이 붉어지거나 하얘진다. 강의를 할 때 나는 얼굴이 붉어지는 행동을 보여주기 위해 한 학생을 앞으로 불러낸 다음 그의 뒤로 가서 등이나 목에 가까이 다가간다. 이러한 공간 침범은 변연계 반응을 초래하면서 얼굴을 붉히게 만든다. 특히 얼굴이 하얀 사람은 이러한 변화가 쉽게 눈에 띈다.

사람들은 스스로 잘못이라고 알고 있는 어떤 행위를 하다가 들켰을 때 얼굴을 붉히는 경향이 있다. 또 누군가를 좋아하는데 상대가 그 사실을 눈치 채지 않길 바랄 때 얼굴을 붉히기도 한다. 10대는 짝사랑하는 누군가가 가까이 다가오면 종종 얼굴이 붉어진다. 이러한 현상은 몸이 드러내는, 그리고 상대적으로 발견하기 쉬운 진짜 변연계 반응이다.

반대로 얼굴이 창백해지는 것은 충격적인 상황에 놓일 때 일어나는 변연계 반응이다. 나는 교통사고 직후에, 또는 조사 과정에서 저항할 수 없는 유죄 증거가 갑자기 제시되었을 때 얼굴이 하얗게 변하는 사람들을 많이 봐왔다.

얼굴이 하얘지는 이유는 반사적 신경계가 도주나 공격에 대비하여 피부 혈관의 피를 근육 쪽으로 보내기 때문이다. 내가 FBI에 있을 때 체포된 용의자가 너무 놀라 갑자기 얼굴이 하얗게 변하더니 치명적인 심장마비를 일으킨 적도 있었다. 이런 반응은 표면적인 것이지만 무시해서는 안 된다. 얼굴이 하얘지는 것은 스트레스가 강하다는 표시이며 상황의 특성과 지속 기간에 따라 다르게 나타난다.

혐오하는 감정은 가장 먼저 얼굴에 드러난다

거부의 단서는 전 세계적으로 다양한 모습을 나타내며 특정 문화의 사회적 규범을 반영한다. 나는 러시아의 한 예술박물관 복도를 걸으면서 휘파람을 불다가 사람들의 경멸에 찬 눈길을 받고 말았다. 러시아에서는 실내에서 휘파람을 부는 것이 용납되지 않는 행동이었던 것이다. 우루과이의 수도 몬테비데오에서는 거부의 의사로 얼굴을 돌리고 실눈을 뜨는 것이 용납되는 곳이다. 미국도 워낙 땅덩이가 크고 다양하기 때문에 지역 간에 거부의 단서가 약간씩 다르게 나타난다.

거부의 단서는 대개 얼굴에 드러나며, 인간이 부모형제로부터 배우는 가장 초기의 메시지다. 인간은 자신이 좋아하는 누군가가 만약 잘못된 뭔가를 하거나 정도에서 벗어나려 할 때 거부의 단서를 내보인다. 내 아버지는 상당히 금욕적이었는데 나를 엄격하게 잠깐 바라보는 것만으로도 그 느낌을 충분히 전달했다. 내 친구들조차 그 표정을 무서워할 정도였다.

사람들은 대개 아무리 미세한 것일지라도 거부의 단서를 쉽게 이해한다. 어떤 나라나 지역의 불문율 또는 전통을 배우는 열쇠는 '비난'에 있다. 왜냐하면 그것을 위반하는 즉시 비난의 화살이 쏟아지기 때문이다. 미국에서 보편적인 거부의 비언어 행위는 눈 굴리기인데, 경멸의 신호이므로 부하 직원이나 아이들에게 주의하도록 가르쳐야 한다.

얼마 전 플로리다주 중심 지역에 위치한 헬스클럽의 영업사원이 나를 찾아와 회원 가입을 권유했다. 그 젊은 여성은 매우 열정적으로 설명했고 그해 남은 날 동안 하루에 단 1달러만 들이면 된다고 말했다. 그녀는 나를 가능성 있는 잠재고객으로 보았는지 말에 활기가 넘쳐흘렀다. 이윽고 그녀가 말을 마치자 나는 그 헬스클럽에 수영장이 있느냐고 물었고, 그녀는 수영장은 없지만 다른 좋은 설비가 있다고 대답했다.

나는 최근에 헬스클럽에 다니려고 22달러를 월회비로 지불했고 거기에는 올림픽경기장 규모의 수영장이 있다고 이야기했다. 내가 말할 때 그녀는 미세한 경멸의 행동(입의 왼쪽 꼬리가 위로 올라갔다)을 보이며 자신의 발을 내려다보았다. 싫어함과 혐오감이 드러날 때 콧잔등에 주름이 진다. 이것은 분명한 신호지만 금세 사라진다. 그것은 금방 사라졌지만 만약 오래 지속되었다면 으르

렁거리는 듯 보였을 것이다. 잠시 뒤 그녀는 나를 떠나 다른 사람에게 갔다. 나는 협상을 하는 과정에서 그런 행동을 자주 봐왔는데, 제안이 제시되면 참석자 중 누군가가 무의식적으로 미세한 혐오의 표현을 드러내곤 했다.

혐오나 거부의 얼굴 표현은 매우 정직하며 뇌에서 무슨 일이 벌어지고 있는지를 반영한다. 특히 혐오는 얼굴에 가장 먼저 나타난다. 왜냐하면 수백만 년간 상한 음식을 먹을 때 또는 자신에게 해를 입힐지도 모르는 뭔가를 거절하는 데 적응된 해부학적 구조의 일부분이기 때문이다. 이런 얼굴 표현은 침묵에서부터 명백한 동작까지 다양하게 나타나지만 어떤 경우에도 뇌의 감정은 똑같다.

"내가 싫어하는 것들이야. 당장 치워버려!"

찌푸린 얼굴과 싫거나 불쾌한 표정은 아주 가벼울지라도 정확히 해석할 수 있다. 왜냐하면 변연계의 지배를 받기 때문이다. 한번은 내가 친구와 함께 그의 약혼녀를 방문했을 때 친구는 곧 있을 결혼식과 신혼여행 계획에 대해 말했다. 그때 내 친구는 몰랐지만 나는 그가 결혼이라는 말을 입 밖에 꺼냈을 때 그녀의 얼굴에 미세하게 혐오의 신호가 스치는 것을 보았다.

아주 잠깐 스쳐 지나간 표정이었지만 나는 의아해하지 않을 수 없었다. 왜냐하면 그 얘기는 두 사람 모두 기뻐해야 할 주제라고 생각했기 때문이다. 몇 달이 지난 뒤 내 친구는 약혼녀가 떠났다고 말했다. 나는 그 한 가지 행동에서 그녀의 뇌가 내보내는 진짜 감정, 즉 그 결혼을 혐오스러워하는 감정을 발견했다.

자긍심이 높아질수록 코와 턱은 함께 올라간다

"턱을 들고 있어라"라는 말은 침울해하거나 불행을 겪고 있는 사람에게 하는 오래된 격언이다. 이 지혜로운 표현은 역경에 대한 인간의 변연계 반응을 정확히 반영한다. 턱을 내리고 있는 사람은 확신이 부족하고 부정적 상태로 보이는 반면, 턱을 올리고 있는 사람은 긍정적 감정 상태에 있는 것으로 보인다. 자신감이 부족하거나 자기 자신이 걱정될 때 코는 바닥을 향하고 턱은 안으로 들어간다. 긍정적으로 느낄 때 턱과 코는 하늘을 향한다. 둘 다 편안함과 자신감의 신호다.

#43

자신감이 부족하거나 자기 자신을 걱정
할 때 코는 내려오고 턱은 안으로 들어
간다.

#44

긍정적으로 느낄 때 턱은 밖으로 나오고
코는 높이 있다. 둘 다 편안함과 자신감
의 신호다.

턱과 코는 함께 움직인다. 치켜든 코는 강한 자신감의 신체언
어지만 코가 바닥을 향해 있으면 자신감이 부족하다는 표현이다.
또한 스트레스를 받거나 화가 났을 때 턱과 코를 높이 올리는 경
향이 있다. 턱을 당기는 것은 물러나기 또는 거리 두기의 한 정
보가 된 형태로서, 진짜 부정적인 감정을 식별할 때 매우 정확하
다. 이런 행동은 특히 유럽에서 많이 발견되는데, 주로 낮은 계급
의 사람을 내려다보거나 누군가에게 윽박지를 때 코를 높이 들
고 있는 것을 보게 된다.

　나는 한 프랑스 영화에서 어떤 정치가가 기자로부터 질문을
받자 코를 높이 들고 아래를 내려다보며 "아니요, 나는 그 질문
에 대답하지 않겠습니다"라고 말하는 장면을 보았다. 그 코는 그

의 지위와 기자에 대한 멸시를 반영한다. 프랑스의 대통령이던 샤를 드골은 이런 오만한 태도와 이미지를 표현하는 것으로 유명했다.

말과 행동이 다를 때 우리는 무엇을 믿을까?

때로 숨기고 말하지 않는 마음을 얼굴이 반영하기도 한다. 예를 들어 반복적으로 손목시계나 가까운 출입구를 바라보는 행동은 다른 약속이 있다거나 다른 곳에 가길 원한다는 것을 암시한다. 이런 모습은 의도 단서다.

경우에 따라서는 생각과 다르게 말하기도 하는데, 이때는 표정을 바라보고 감정과 말을 해석하면서 일반적인 법칙을 따라야 한다. 얼굴에 혼합된 신호(불안과 함께 나타난 행복의 몸짓, 불쾌감과 나란히 드러나는 즐거움의 몸짓)가 나타나면, 다시 말해 언어와 비언어의 얼굴 메시지가 일치하지 않으면 항상 둘 중에서 부정적 정서를 더 정직한 것으로 받아들여라. 대개는 그 부정적 감정이 느낌과 감정을 정확히 반영한다.

예를 들어 어떤 사람이 굳은 턱을 하고 "당신을 만나 아주 기쁩니다"라고 말할 경우 그 말은 거짓이다. 얼굴에 나타나는 긴장은 그가 느끼는 진짜 감정을 보여준다. 왜 부정적 정서 쪽을 받아들여야 하는지 궁금한가? 그 이유는 못마땅한 상황에 대한 인간의 신체적 반응이 가장 정확하기 때문이다. 물론 예의상 만족스러운 표정으로 처음의 못마땅한 표정을 가릴 수도 있지만 그것은 이미 진짜 감정을 드러낸 다음의 일이다. 그러므로 두 가지 표정을 모두 보게 되면 처음에 관찰한 감정을 따라라.

얼굴은 다양한 표현을 전달할 수 있고, 대부분은 어린 시절부터 얼굴에 감정을 드러내지 말라고 배워왔다. 따라서 얼굴에서 어떤 비언어 신호를 읽으면 반드시 몸의 다른 비언어 신호와 비교해야 한다. 얼굴에 나타나는 비언어 단서는 매우 복합적이기 때문에 그것이 편안함을 나타내는지, 아니면 불편함을 나타내는지 해석하는 것은 어려운 일이다. 만약 표정의 의미를 알아내는 것이 혼란스럽다면 그 표현을 재연해보고 어떤 느낌을 주는지 관찰해보라. 분명 다른 사람의 표정을 해석하는 데 도움이 될 것이다.

얼굴은 엄청난 양의 정보를 드러내지만 동시에 오해를 불러일으킬 수도 있다. 그러므로 자신이 본 것을 상황에 맞게 평가하고 얼굴에 드러난 표현이 몸의 다른 부분에서 오는 신호와 일치하는지 주의를 기울일 필요가 있다. 이 모든 관찰을 토대로 해야만 확신을 갖고 다른 사람의 감정과 생각을 정확히 읽어낼 수 있다.

PART 4

팔, 생존을
높이는 도구

영장류 조상들이 직립보행을 시작한 이후 인간의 팔은 놀라운 방식으로 자유롭게 사용돼왔다. 팔은 짐을 나르고 물건을 잡고, 나아가 땅을 짚고 거꾸로 설수 있게 한다. 팔은 민첩하며, 특히 외부 위협에 대해 다리와 함께 일차적으로 반응한다. 만약 어딘가에서 물건이 날아오면 팔은 그것을 차단하기 위해 본능적으로 정확히 올라간다. 그 반응 속도는 매우 빨라서 팔을 올리는 것이 비논리적이거나 분별없는 행동일 때도 방어를 위해 순식간에 그렇게 움직인다. 몸짓을 관찰할 때 팔의 움직임은 대개 덜 중요하게 평가되고, 그보다는 상대적으로 얼굴과 손을 더 많이 강조한다. 그러나 팔은 편안함, 불편함, 확신, 그 밖에 다른 감정을 표현하는 중요한 역할을 한다.

FBI에서 일할 때 나는 타인의 저격으로부터 자신을 방어하려는 시도로 팔을 올렸다가 팔에 총을 맞은 사람들을 봤다. 물론 뇌는 팔로 총알을 막을 수 없음을 알고 있다. 그러나 변연계는 팔이 올라가도록 해서 거의 초속 300미터로 날아오는 발사물을 정확히 막게 한다. 법의학에서는 그런 부상을 '방어 상처'라고 부른다.

　　팔은 치명적인 잠재적 재해로부터 몸을 보호한다. 한번은 플로리다의 폭풍우 속에서 자동차 문의 날카로운 모서리가 바람에 날아와 내 옆구리를 친 적이 있다. 그때 나는 두 팔로 뭔가를 하고 있었던 터라 내 몸은 보호받지 못했고 결국 갈비뼈 한 대가 부러졌다. 이후로 나는 그동안 내 팔이 몸을 어떻게 보호해주는지 늘 잊지 않고 있다.

발과 마찬가지로 팔은 생존을 돕도록 설계됐기 때문에 원초적인 감정이나 의도가 드러나는 곳이다. 변하기 쉽고 속이기 쉬운 얼굴과 달리 팔은 생각하고 느끼고 의도하는 것을 정확하게 드러내 믿을 만한 비언어 단서를 제공한다.

팔의 움직임은 태도와 감정에 대한 중요하고 정확한 척도가 된다. 이러한 움직임은 억제된 것에서부터 즐거움에 가득 찬 것까지 매우 다양하다.

기쁨과 좌절이 나타나는 팔

행복하고 만족스러울 때 팔은 자유롭고 즐겁게 움직인다. 한창 놀이에 빠져 있는 아이들을 보면 활발하게 팔을 움직이는 것을 볼 수 있다. 그들은 손가락으로 가리키고, 손짓으로 말하고, 손으로 붙잡고 들어올리고 껴안고, 손을 흔든다.

흥분했을 때 팔의 움직임은 보다 강렬해진다. 사실 이럴 때 인간은 선천적으로 중력에 맞서 팔을 머리 위로 높이 올리는 경향이 있다. 총으로 위협을 받을 때만 손을 머리 위로 올리는 것이 아니다. 행복을 느끼면 손은 자동적으로 올라간다. 손을 들고 있으면서도 불행한 순간은 노상강도를 만났을 때가 유일하다.

경기에서 이긴 선수들이 어떻게 하이파이브를 하는지 살펴보라. 홈팀이 터치다운으로 득점한 뒤에 풋볼 팬들이 하늘을 향해 팔을 올리는 것을 관찰해보라. 높이 들어올리는 팔 동작은 기쁨과 흥분에 따른 보편적인 반응이다.

활기가 넘치고 행복한 사람들은 팔을 높이 올리고, 기분이 좋거나 확신에 찰 때는 팔을 적극적으로 흔든다. 반대로 무의식적으로 팔을 억제하는 사람은 불안하고 무기력해 보인다.

동료에게 그가 방금 저지른 업무상의 커다란 실수에 대해 솔직하게 말해보라. 그러면 그의 어깨와 팔이 축 늘어지면서 의기소침해질 것이다. 그처럼 가라앉는 느낌에 젖어본 적 있는가? 이는 부정적 사건에 대한 변연계 반응이다. 부정적 정서는 사람들을 정신적·육체적으로 가라앉게 한다. 이러한 변연계 반응은 정직할 뿐 아니라 실시간으로 일어난다.

득점하는 순간에는 공중으로 뛰어오르거나 팔을 뻗지만, 심판이 불리하게 판정을 내리거나 실점하면 어깨와 팔이 내려간다. 이러한 행동은 정확히 영향을 받는 그 순간의 정서와 의사소통한다. 특히 이런 표현은 풋볼 경기장이나 록 콘서트장 또는 절친한 친구들의 모임에서 전염성을 띤다.

화가 나거나 두려울 때 인간은 팔을 거둬들인다. 실제로 상처입거나 위협당할 때, 학대당할 때, 걱정할 때는 팔을 옆구리에 직선으로 놓거나 가슴에서 양팔을 교차해 잡고 있다. 이것은 생존전략으로, 실제로 위험하거나 위험이 감지될 때 자기 자신을 보호하도록 돕는다. 예를 들어 아들이 거친 아이들과 놀고 있을 때 엄마는 양팔을 자주 교차해 배 위에 포갠다. 개입하고 싶지만 옆에 서서 팔을 잡음으로써 자신을 억제하며 아들이 다치지 않길 바라는 것이다.

두 사람이 다투다가 둘 다 알아채지 못하는 사이에 한쪽에서 방어적인 팔 거둬들이기 행동을 할 수도 있다. 이러한 억제는 생존에 중요한 역할을 한다. 본질적으로 자신을 억제하는, 즉 자극하지 않는 자세를 표현함으로써 몸을 보호하기 때문이다. 팔을 뻗는 행동은 상대방을 가격해 상처를 입히려는 시도로 해석될 수 있고, 그러면 싸움이 일어나게 마련이다.

억제는 다른 사람뿐 아니라 자신을 다루는 데도 도움을 준다. 예를 들어 아픔을 스스로 진정시키거나 달랠 때에도 팔의 움직임을 제한한다. 사람들은 아픈 신체 부위 쪽으로 팔을 거둬들인다. 심한 복통이 일어날 때 팔은 배로 가게 된다. 이러한 순간에 팔은 밖으로 움직이지 않는다. 변연계가 안식을 요구하기 때문이다.

학대받는 아이들의 팔에 남은 흔적 읽기

팔의 움직임이 둔화되거나 아예 정지하는 것은 별로 안 좋은 조짐이다. 특히 아동에게 그런 행동이 나타나면 불길함을 암시한다. 아동은 학대하는 부모나 두려운 어떤 존재가 있는 자리에서 팔의 움직임을 제한하는 경향이 있는데, 생존을 위한 하나의 방어수단이라 할 수 있다.

학대받는 아동은 본능적으로 더 많이 움직일수록 눈에 띄기 쉬워 잠재적으로 학대하는 사람의 목표물이 될 가능성이 커진다는 것을 배운다. 따라서 아동의 변연계는 팔이 주의를 끌지 않도록 하기 위해 스스로를 통제한다. 팔을 정지하는 행동은 돌보는 교사나 이웃, 친척에게 그 아동이 학대의 피해자일지도 모른다는 경고의 메시지를 전달한다.

나는 체력 단련을 위해 동네 수영장에서 규칙적으로 수영을 한다. 그런데 평소에는 매우 활발하고 외향적인 한 소녀가 근처에 엄마가 있을 때만 팔의 움직임이 둔해진다는 사실을 알게 됐다. 나는 며칠간 그 소녀를 관찰했는데, 그녀의 엄마가 딸에게 빈정대거나 가혹한 말을 하는 모습이 자주 보였다. 더구나 그녀는 범죄라고 할 정도는 아니었지만 딸을 육체적으로 매우 거칠게 다뤘다. 소녀를 마지막으로 본 날, 나는 그 아이의 팔꿈치 안쪽 부분에서 멍을 발견했다.

나는 더 이상 관찰만 하지 않았다. 우선 수영장 관리자들에게 아동학대가 의심되니 그 소녀를 잘 지켜봐달라고 부탁했다. 한 관리자가 그 소녀는 문제아이며 그 멍은 넘어져서 생긴 것인지도 모른다고 말했다. 그래도 마음의 불편함이 사라지지 않은 나는 시설 관계자를 찾아가서 내가 관찰한 내용을 전달했다. 나는 넘어져서 생기는 방어 상처는 팔의 윗부분 안쪽이 아니라 팔꿈치나 팔의 바깥쪽에 나타난다고 설명했다. 또한 나는 자신의 엄마가 가까이 다가올 때마다 그 소녀가 로봇처럼 보이던 모습도 우연이 아니라는 것을 알았다. 수영장에 있는 다른 사람들 역시 그녀의 문제를 감지했고 나중에 그 일은 경찰의 조사를 받았다.

만약 당신이 부모, 교사, 상담사이고 아이들이 부모나 다른 어른들과 함께 있을 때 팔 동작을 심하게 바꾸거나 제한한다면 세심하게 관찰해볼 필요가 있다. 팔 움직임을 제한하는 것은 변연계의 반응이다. 학대받는 아이에게 이 순응적인 행동은 생존을 의미할 수 있다.

어쩌면 오랫동안 범죄 수사를 해온 습성 탓일 수도 있지만, 나는 아이들을 볼 때마다 멍이나 상처가 있는지 팔을 흘끗 보는 습관이 있다. 슬프게도 세상에는 너무도 많은 아동학대가 자행되고 있다. 나는 수사관으로서, 또 아버지로서 넘어지거나 부딪친 상처가 어떻게 생기는지 그러한 상처가 몸의 어느 부위에 나타나는지 알고 있다. 넘어져서 생긴 상처와 학대를 받아 생긴 상처는 다르다. 그 자리와 모양에서 확연한 차이가 드러난다.

사람들은 스스로를 방어하기 위해 팔을 사용하며 이는 충분히 예상할 수 있는 변연계 반응이다. 아이들도 자신의 최우선 방어수단으로 팔을 사용한다. 격렬하게 움직이는 팔은 흔히 학대하는 부모가 붙잡으려 하는 첫 번째 신체 부위다. 이처럼 부모가 공격적인 방식으로 아이들을 붙잡을 때 팔의 안쪽에 자국이 남는다. 이때 아이를 흔들면 그 자국은 더 심한 압박 때문에 색이 더 짙고 어른 손의 엄지나 다른 손가락이 길게 늘어진 모양으로 나타난다.

의사나 경찰관은 어린 희생자 또는 환자에게서 이런 자국을 흔히 보는 반면, 일반인은 그 문제의 심각성을 잘 알지 못한다. 만약 우리 모두가 아동을 주의 깊게 관찰해 분명한 학대 표시를 발견할 수 있다면 무고한 아동에게 도움을 줄 수 있다. 모든 어른이 아동의 방어 상처나 학대 상처에 대한 지식과 관심이 늘어날수록 아이들은 더 안전해질 것이다.

제한적인 팔 움직임은 아이들에게만 나타나는 것이 아니다. 어른들도 다양한 이유로 팔 움직임에 제한을 둔다.

떳떳하지 못할 때 팔은 뻣뻣해진다

수사 업무에 뛰어든 지 얼마 되지 않았던 인턴 시절 나는 한 대형 서점에서 물건을 훔치는 사람을 식별하는 일을 맡았다. 이때 나는 매장 위의 높은 장소에서 범법자를 찾아내는 것이 의외로 어렵지 않다는 사실을 깨달았다. 일단 물건을 훔치려는 사람들의 전형적인 신체언어를 이해하자 그들을 식별하는 일이 매우 쉬워졌다.

놀랍게도 그들은 서점 안으로 들어올 때부터 주위를 많이 둘러보고 보통의 다른 구매자들에 비해 팔의 움직임을 최소화했다. 그들은 자신을 보이지 않게 만들고자 애쓰는 것처럼 보였다. 하지만 팔의 움직임을 제한하는 것은 오히려 그들을 더 눈에 띄게 만들었고, 나는 그들에게 더욱 집중했다.

애리조나주 유마에서 세관검사원으로 일하는 내 친구는 사람들이 입국할 때 가방과 지갑을 어떻게 들고 있는가에 주목한다고 알려주었다. 핸드백 속의 내용물에 대해 걱정하는 사람은 가방을 몸에 더 밀착시키거나 꽉 잡는 경향이 있는데, 특히 통관 데스크에 가까워지면 그런 동작이 더 심해진다고 한다. 사람들은 흔히 중요한 물건을 팔로 더 보호하려 애쓰며 그 물건이 눈에 띄는 것을 원치 않는다.

일정 기간에 적절한 기준선을 정해 특정인의 팔을 관찰해보면, 팔 움직임을 통해 그가 어떻게 느끼는지 간파할 수 있다. 예를 들어 힘든 하루를 보낸 샐러리맨은 퇴근 무렵 어깨가 축 처져 있고 팔은 옆구리에서 아래로 내려와 있다. 풀이 죽었거나 슬플 때도 마찬가지다. 이런 상황을 이해한다면 그를 위로해 힘든 상황에서 벗어나도록 도움을 줄 수 있다.

반대로 오랫동안 만나지 못하다가 다시 만난 사람들을 관찰해보라. 그들은 팔을 벌린 상태에서 앞으로 쭉 뻗는다. 그 행동은 "어서 와, 나는 너를 안고 싶어!"라는 메시지를 전달한다. 팔을 뻗어 몸 전체를 보여주는 것은 그 사람의 감정이 진정으로 긍정적이라는 것을 의미한다.

부정적인 상황에서 팔은 어떻게 움직일까? 한번은 우리 가족이 친지 모임에 참석한 적이 있었다. 한 친척이 다가올 때 나는 그녀를 안지 않고 팔의 윗부분을 옆구리에 바짝 붙이고 팔꿈치 아래쪽만 뻗었다. 흥미롭게도 어린 내 딸 역시 그 친척이 안아 주기 위해 팔을 뻗었을 때 나와 똑같이 팔을 옆구리에 바짝 붙였다. 솔직히 말하자면 겉으로는 환영하는 척했지만 무의식적으로는 그다지 기쁘지 않았던 것이다. 나중에 딸아이도 내게 그 친척을 별로 좋아하지 않는다고 말했다.

팔 움직임은 안녕, 잘 가, 이리와, 나는 몰라, 바로 저기, 바로 여기, 저 위에, 그만, 돌아가, 내 눈앞에서 사라져, 방금 일어난 일을 믿을 수 없어 등의 일상적인 메시지를 전달하는 데 이용된다. 이런 제스처는 보통 세계 어디에서든 의미가 통하고 언어장벽을 극복하는 데 도움을 준다.

사람들이 아기 똥기저귀를 집는 방법

"나에게 가까이 오지 마시오. 나한테 손대지 마시오!"라는 메시지를 전달하는 팔 움직임도 있다. 예를 들어 대학교수나 의사 또는 변호사들 가운데 복도를 걸어갈 때 팔을 뒤로하고 걷는 사람들이 있다. 영국 여왕이나 그녀의 부군 필립 공을 보면 그런 자세를 더 잘 관찰할 수 있다. 사람들이 팔을 뒤에 둘 때는 첫째 "나는 더 높은 지위에 있다"는 것을 말하며, 둘째 "나에게 가까이 오지 마라. 내 몸에 손대지 마라"라는 의미를 전달한다.

이러한 행동은 종종 단순히 생각에 잠겼거나 '생각하는 자세'

로 여길 수도 있다. 하지만 미술관에서 그림을 감상하는 게 아니라면 결코 그렇지 않다. 등 뒤에 팔을 두는 것은 소통을 차단하려는 분명한 신호다.

심지어 애완동물도 팔을 격리시키는 제스처에 민감하다. 개는

#45
등 뒤에 팔을 두는 태도는 '왕의 자세'로 불리며, 가까이 다가오지 말라는 의미를 전달한다. 흔히 왕족이 다른 사람들과 거리를 두기 위해 이런 행동을 취한다.

주인이 시선과 팔을 거둬들이는 것을 참지 못한다. 이런 행동은 본질적으로 개에게 "나는 너를 만지지 않을 거야"라는 메시지를 전달하기 때문이다. 만약 개를 키우고 있다면 한번 실험해보라. 손과 팔을 앞으로 쭉 뻗은 채 애완견 앞에 선다. 하지만 개에게 손을 대지 않는다. 그런 다음 팔을 뒤쪽으로 거둬들이고 어떤 일이 벌어지는지 관찰하라. 아마도 개는 부정적으로 반응할 것이다.

안기고 싶어 할 때마다 엄마가 팔을 등 뒤로 거두는 가정에서 자란 아이에게 그런 행동이 얼마나 충격적인 일인지 상상해보라. 불행히도 그런 비언어 메시지는 아이들에게 지속적으로 부정적 영향을 미치며 무시나 학대와 마찬가지로 모방돼 다음 세대로 전해진다.

인간은 다른 사람의 손이 자기 몸에 닿는 것이 가치 없다고 여길 때 그것을 거부한다. 두 사람이 걸어가고 있는데 한 사람의 팔이 등 뒤에 있다면 그는 자신을 억제하고 있는 것이다. 이런 행동에는 친근감이나 친밀감이 느껴지지 않는다. 악수를 하려고 팔을 뻗었을 때 상대가 응하지 않으면 어떤 기분이 들까? 신체 접촉을 위해 손을 뻗었는데 응답이 없으면 거절당했다고 생각해 풀이 죽는다.

인간의 행복에 접촉이 매우 중요한 역할을 한다는 것을 알려주는 과학적 연구 결과는 많다. 건강, 기분, 정신발달, 그리고 수명까지도 다른 사람과 얼마나 신체적 접촉을 하는가와 얼마나 자주 긍정적인 접촉이 이뤄지는가에 영향을 받는다고 한다. 애완

동물을 쓰다듬는 행위도 심장박동수를 낮추고 마음을 안정시켜 준다고 한다. 특히 애완동물은 애정에 무조건적이기 때문에 응답에 대해 걱정할 필요가 없다.

접촉은 상대에 대해 어떻게 느끼는가를 잘 보여준다. 사람들은 좋아하는 것을 향해서 손을 뻗지만 불쾌한 것은 가능한 한 멀리한다. 예컨대 다른 사람에게 오물이 묻은 기저귀를 버리라고 건네줄 때 대개는 손가락을 몇 개만 사용해 잡고 몸에서부터 멀리 떨어뜨리려고 팔을 최대한 뻗는다. 그렇게 하라고 훈련받은 사람은 없지만 대부분 그렇게 한다. 왜냐하면 변연계가 불쾌하거나 건강에 해롭거나 위험한 사물과의 접촉을 제한하기 때문이다.

팔은 위협이나 부정적인 무엇으로부터 자신을 보호하거나 거리를 두기 위해 차단하는 메커니즘으로 작용한다. 북적이는 공항이나 인파로 가득한 거리에서 사람들 사이를 통과할 때 타인과 너무 가까워지지 않도록 팔을 어떻게 사용하는지 관찰하라. 또한 사람들을 만날 때 상대가 어떻게 인사하는지 살펴보라. 상대의 행동을 통해 그가 당신에게 우호적인지 아니면 마땅치 않게 생각하는지 파악할 수 있을 것이다.

개인의 영역은 곧 권력이다

팔은 영역을 표시하는 데도 이용된다. 이 문장을 쓰고 있는

지금 나는 캐나다 남부의 캘거리라는 도시로 가는 에어캐나다 비행기를 타고 있다. 옆자리에는 덩치 큰 사람이 앉아 있는데, 그 사람과 나는 내내 팔걸이 공간을 더 차지하기 위해 서로 신경전을 벌이고 있었다. 하지만 내가 지고 말았다. 겨우 팔걸이의 작은 모서리만 차지한 채 창문 쪽으로 기대앉아 있으니 말이다. 그래도 그의 영역 표현에서 이 책을 위한 사례를 하나 얻을 수 있었다. 이런 일은 엘리베이터나 출입구 또는 교실에서 매일 일어난다. 이때 어떤 조정이나 타협이 없으면 결국 누군가가 패자가 되는 것으로 끝나고 만다.

영역 표현은 회의실에서도 발견된다. 예를 들어 어떤 사람은 회의 테이블의 상당 부분을 차지하기 위해 자료를 잔뜩 펼쳐놓고 팔꿈치까지 동원한다. 미국의 인류학자 에드워드 홀Edward Hall의 말처럼 영역은 본질적으로 권력이다. 그러나 영역을 주장하는 것은 강력하고 부정적인 결과를 낳을 수 있고 때로 크고 작은 싸움의 원인이 되기도 한다.

영역 논쟁은 복잡한 지하철에서 일어나는 자리다툼에서부터 포클랜드섬을 두고 아르헨티나와 영국이 벌인 전쟁까지 매우 다양하게 나타난다. 캘거리행 비행기에서 내린 지 몇 달이나 지났지만 아직도 내 옆에 앉았던 사람이 팔걸이를 독차지했을 때의 불쾌한 느낌이 생각난다.

자신감이 충만하거나 지위가 높은 사람이 팔을 이용해 자신감이 부족하고 지위가 낮은 사람보다 어떻게 더 많은 영역을 주장하는지 주목해보라. 예를 들어 지배적 성향이 강한 남성의 경우 자신의 세력을 모든 사람에게 알리기 위해 의자 주위에 팔을 척 걸치기도 하고, 첫 데이트를 할 때 여성이 자신의 소유물인 양 대담하게 여성의 어깨 위에 팔을 얹기도 한다.

테이블에 자리를 잡을 때는 대개 지위 높은 사람이 앉자마자 팔이나 자신의 물건, 즉 서류, 가방, 지갑, 서류 등을 펼쳐놓음으로써 가능한 한 많은 자리를 차지한다. 만약 어떤 조직에 새로 들어갔다면 다른 사람보다 더 많은 영역을 차지하기 위해 노트북과 달력 같은 자신의 개인 소지품이나 팔을 사용하는 사람을 찾아보라. 심지어 회의석상에서도 영역은 권력 또는 지위와 동등하게 여겨진다.

이러한 비언어 행동을 주의 깊게 관찰하면 실제 지위를 금세 파악할 수 있다. 회의석상에서 팔꿈치를 허리에 대고 팔을 다리 사이에 축 늘어뜨린 채 앉아 있는 사람은 약하고 확신이 부족하다는 메시지를 내보인다.

양손을 허리에 대는 행동도 지배를 주장하고 권위적인 이미지를 내보내기 위한 영역 표현이다. 이러한 비언어 행동은 양손을 허리 위에 놓은 채(엄지는 뒤쪽을 향하고) 양팔을 V자 모양으로 바깥쪽으로 펴고 있는 것이다. 제복을 입은 경찰관이나 군인들이 서로 대화하는 모습을 관찰해보라. 그들은 대개 양손을 허리에 대는 자세를 취하고 있다. 설사 이런 행동이 훈련의 일부분일지라도 민간인과의 관계에서는 그리 효과적이지 않다. 따라서 군

복무를 끝내고 민간인으로 돌아가는 군인은 그 이미지를 부드럽게 만들어 권위적인 느낌을 주지 않도록 해야 한다. 일반 시민에게 양손을 허리에 대는 행동은 낯선 군대식 태도로 보일 뿐이다.

회의실에서 나타나는 영역 표현

특수임무를 맡은 경찰이 무의식중에 양손을 허리에 델 경우 어떤 일이 일어나는지 생각해본 적이 있는가? 이때 경찰관은 자신의 신분을 노출할 뿐만 아니라 자칫하다 긴급한 상황에서 자기 생명이 위태로울 수도 있다.

양손을 허리에 대는 행동은 영역 주장과 권위, 지배의 강력한 표현이다. 가족끼리의 싸움을 조정하러 간 경찰관이 이런 자세를 취하면 집 안에 있는 사람들의 감정을 더욱 악화시킬 우려가 있다. 만약 경찰관이 집주인의 출구를 차단한 채 문 앞에서 이런 자세를 취하면 문제는 더 심각해진다. 외부인이 자기 집을 통제하길 바라는 집주인은 없기 때문이다.

양손을 허리에 대는 행동으로 위험에 처할 수 있는 상황을 생각해보자. 한 젊은 경찰관이 비밀수사요원으로 일하기 위해 일반 순찰 업무에서 손을 뗀 경우다. 이 신참은 자신이 잠입하려는 술집 같은 곳에 들어가 무의식중에 양손을 허리에 대고 있을지도 모른다. 양손을 허리에 대는 것은 그에게 익숙한 행동이지만 일반인한테는 다르다. 그는 알지 못하는 사이에 자신이 경찰 또는 경관임을 알리고 있는 꼴이다.

수많은 범죄자를 상대로 조사한 결과, 이러한 무의식적인 영역 표현이 범죄자가 비밀수사요원을 식별하는 방법 중 하나라는

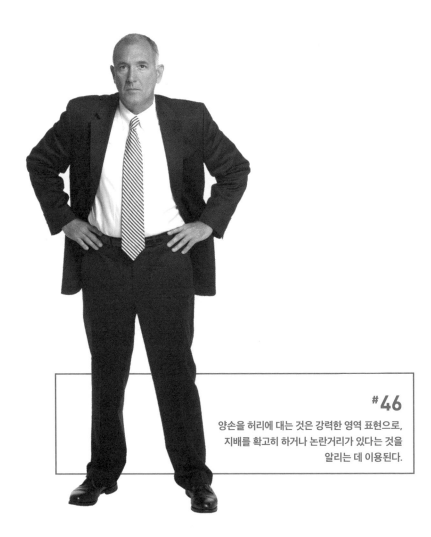

#46
양손을 허리에 대는 것은 강력한 영역 표현으로,
지배를 확고히 하거나 논란거리가 있다는 것을
알리는 데 이용된다.

사실이 밝혀졌다. 권력을 쥔 사람을 제외한 대다수의 일반인은 좀처럼 허리에 양손을 얹고 서 있지 않기 때문이다. 나는 늘 훈련 중인 비밀수사경관과 지휘관들에게 이 점을 상기시키고 그런 습관을 깨야 자신의 정체를 드러내 생명이 위험에 처하는 일이 없다고 주의를 준다.

하지만 여성의 입장에서 양손을 허리에 대는 행동은 특별히 유용할 수도 있다. 나는 여성 임원들에게 양손을 허리에 대는 것은 강력한 비언어 표현이며 회의실에서 남성과 맞설 때 효율적으로 사용할 수 있다고 가르쳐왔다. 여성의 이러한 행동은 내 입장을 고수하겠다, 자신감 있다, 협박당하고 싶지 않다는 것을 강력하게 보여주는 데 효과적이다. 사실 수많은 젊은 여성이 영역 지배의 표시로 양손을 허리에 대고 강압적으로 말하는 남성에게 비언어적 협박을 당하고 있다.

이러한 동작을 흉내 내거나 먼저 행동으로 옮기는 것은 상대적으로 약해 보이는 여성이 평등한 기회를 얻는 데 도움이 될 수 있다. 양손을 허리에 대는 것은 영역 표현에서 문제가 있다, 사정이 좋지 않다, 내 입장을 고수하겠다는 것을 드러내는 좋은 방법이다.

양손을 허리에 댈 때는 보통 양손을 허리에 놓고 엄지는 뒤쪽을 향하게 한다. 하지만 변형적인 형태도 있는데, 양손을 엉덩이 위에 놓고 엄지는 앞쪽을 향하게 하는 것이다. 이러한 자세는 흔히 뭔가 알고 싶은 것이 있고 동시에 걱정스러울 때 나타난다. 그

FBI 행동의 심리학

들은 무슨 일이 벌어지고 있는지 알고 싶어 이 호기심 많은 양손 허리에 대기 (엄지는 앞으로, 손은 엉덩이에, 팔꿈치는 바깥쪽으로) 자세를 취하고 어떤 상황에 접근한다. 이때 필요하다면 지배적인 입장을 더 강조하기 위해 손을 돌려 엄지를 뒤로할 수도 있다.

회의시간이나 의자에 앉아 있을 때 종종 또 다른 영역 표현이 나타난다. 몸을 뒤로 젖히고 두 손을 머리 뒤에서 깍지 끼는 것이다. 내가 문화인류학자에게 이 행동에 대해 말하자, 그는 코브라가 다른 동물에게 자신의 우월함과 힘을 경고하기 위해 '목을 쭉 빼서 늘이는' 방식을 상기시킨다고 말했다. 이 '늘이기 효과'는 몸이 실제보다 커 보이게 만들고 다른 사람에게 "여기 책임자는 나다"라고 말한다. 머리 뒤에서 깍지 낀 손은 편안함과 우월함의 표시다. 보통 회의 중에 직급이 높은 사람이 이런 자세를 취한다.

이러한 우월함의 표현에는 사회적으로 서열이 있다. 예를 들어 회의가 시작되길 기다리는 동안 관리자는 머리 뒤로 깍지를 끼고 앉아 있을 수 있다. 그러나 자신보다 지위가 높은 상사가 사무실 안으로 들어오면 이 행동을 즉시 멈추게 된다. 영역 표현은 높은 지위에 있는 사람이나 책임자를 위한 것이다. 따라서 상사는 이러한 행동을 취하는 반면 나머지 사람은 적절한 존중의 표시로 손을 테이블 쪽으로 내려놓는다.

49
머리 뒤에서 깍지 낀 손은 편안함 또는
우월함의 표시다. 보통 회의 중에
직급이 높은 사람이 이런 자세를 취한다.

연애할 때 남성은 무의식적으로 영역 표현을 한다

사람들은 간혹 뭔가를 강조하거나 영역을 주장할 때 팔을 사용한다. 특히 어떤 쟁점에 대해 서로 의견이 일치하지 않을 때 빈번히 발생한다.

최근에 나는 뉴욕에서 이와 관련된 한 사건을 목격했다. 어느 호텔에서 손님이 팔을 몸에 붙이고 프런트데스크로 다가가 직원에게 한 가지 부탁을 했다. 그런데 거절을 당하자 손님은 자신의 부탁을 요구로 바꿨고 팔의 위치도 변화시켰다. 대화가 점점 과열되면서 더 많은 영역을 주장하기 위해 손님은 양팔을 더욱 넓게 펼치고 있었다.

팔을 펴는 행동은 우월함을 확고히 하고 자신의 견해를 강조하기 위한 강력한 변연계 반응이다. 일반적으로 유순한 사람은 팔을 몸에 붙이는 경향이 있다. 반면 강하거나 세력이 있거나 성난 사람은 더 많은 영역을 주장하기 위해 팔을 쭉 편다.

나는 아메리칸항공의 승무원을 훈련시키는 데 참관한 적이 있다. 그때 탑승권 발매 직원은 사람들이 카운터 앞에 있을 때 양팔을 얼마나 넓게 벌리고 있는가에 따라 문제가 될 만한 승객을 식별해낸다는 말을 들었다. 그날 이후 나는 이러한 행동에 주목

#50
손가락을 벌려 테이블 위에
손가락 끝을 올려놓는 것은
확신과 권위의 의미심장한
영역 표현이다.

했고 문제 상황에서 그런 자세를 수없이 목격해왔다.

한번은 직원이 어떤 승객에게 초과된 수화물에 추가요금이 부과된다는 새로운 규정을 설명하게 되었다. 그 승객은 즉각 양팔을 카운터 위에 넓게 펼쳤다. 이어 논쟁이 벌어지는 동안 항공사 직원은 팔짱을 끼고 협조하지 않으면 탑승을 허용하지 않겠다고 강하게 말했다. 이 상황은 거부하는 팔의 행동과 더 많은 요구를 하기 위해 영역을 행사하는 두 가지 팔의 행동이 동시에 나타난 경우였다.

비즈니스 회의에서 보다 넓은 영역을 차지한 사람은 논의되고 있는 내용에 대해 확신에 차 있다. 팔을 펴서 다른 의자 위에 걸치는 것은 확신에 차 있고 편안함을 느낀다는 것을 의미한다. 쭉 뻗어 펼친 양팔은 정확도가 상당히 높은 비언어다. 그러한 행동은 변연계에서 비롯되고 "나는 확신에 차 있다"라고 선언하는 것이기 때문이다. 반대로 몇 개의 의자를 감쌀 정도로 팔을 펼쳤던 사람이 곤란한 질문을 받았을 때 팔을 얼마나 빨리 거둬들이는지 주의해서 보라.

몇 년 전에 나는 플로리다주 레이크랜드에서 진행된 한 SWAT 작전 계획에 참여했다. 작전 수립자는 양팔을 두 의자에 걸친 자세로 자신 있게 자세한 체포 계획을 설명해나갔다. 그때 갑자기 누군가가 "레이크랜드 낙하산부대 위생병들은 어떻게 이동합니까? 그들과 어떤 방법으로 연락을 취합니까?"라고 물었다. 그 순간 작전 수립자는 팔을 거둬들여 손바닥을 서로 붙이고

51
팔을 펴서 다른 위자 위에 걸치는 것은 확신에 차 있고 편안함을 느낀다는 것을 의미한다.

무릎 사이로 떨어뜨렸다. 이것은 영역 표현에서 매우 의미심장한 변화였다. 그는 넓은 공간을 차지하고 있다가 갑자기 가능한 한 좁은 곳에 있게 된 것이다. 왜냐하면 필요한 사전 준비를 하지 않았기 때문이다. 그의 자신감은 순식간에 증발해버렸다.

이 같은 사례는 인간의 행동이 기분이나 자신감, 생각에 따라 얼마나 빨리 변하는가를 뚜렷하게 보여준다. 이런 비언어 행동은 실시간으로 발생하며 즉시 정보를 내보낸다. 자신감이 있을 때는 팔을 펼치고 자신감이 부족하면 팔을 거둬들인다.

연애를 할 때 남성은 보통 자기 팔을 데이트 상대의 어깨에 얹는데, 특히 다른 남성이 그녀를 빼앗으려고 시도할 가능성이 있을 때 그렇게 한다. 아니면 데이트 상대 여성의 뒤에 팔을 놓고 그녀 주위를 돌면서 누구도 그 영역을 침범할 수 없게 한다. 연애 행동을 관찰하는 것, 그중에서도 남성이 무의식적으로 자기 영역과 상대 여성에 대해 동시에 소유권 주장을 하는 것을 보면 무척 흥미롭다.

또한 두 사람이 같은 테이블에 함께 앉아 있을 때 서로에게 팔을 얼마나 가까이 두려고(아니면 두지 않으려고) 하는지 보는 것도 흥미로운 일이다. 팔에는 많은 감각수용기가 있기 때문에 팔을 접촉하는 것은 감각적인 즐거움을 준다. 사실 팔에 머리카락을 스치거나 옷 위로 팔을 접촉할지라도 신경종말을 자극할 수 있다. 따라서 팔을 다른 사람의 팔 가까이 놓는다는 것은 변연계가 편안함을 느끼고 신체 접촉을 허용한다는 것을 의미한다.

반면 관계가 나쁘게 변하고 있거나 함께 앉아 있는 사람(애인이든 낯선 사람이든)이 자신을 불편하게 만들면 상대방의 팔 주변으로부터 자신의 팔을 치운다.

어른들은 문신을 어떻게 생각할까?

팔에 귀중한 물건을 착용해 장식하는 것은 전 세계적으로 부를 상징한다. 특히 중동의 많은 지역에서는 여성이 부를 상징하는 금귀고리나 금팔찌 등을 착용하는 일이 흔하다. 남성 역시 자신의 사회 경제적 지위나 부의 수준을 나타내기 위해 비싼 손목시계를 착용한다. 1980년대 마이애미에서는 남성들 사이에 롤렉스시계 열풍이 불었다. 당시 신분의 상징물이던 롤렉스시계는 마약 거래자와 신흥 부자들에게 큰 인기를 끌었다.

팔은 여러 가지 사회적인 상징을 나타낼 수 있는 신체 부위다. 건설현장에서 일하는 인부, 운동선수, 그리고 군인은 때로 자신의 직업과 관련된 상처가 팔에 드러나기도 한다. 제복의 팔 윗부분에 완장을 차는 경우도 있다. 몸과 마찬가지로 팔은 여러 가지 측면을 알리는 광고 게시판이 될 수 있다.

숙련된 관찰자는 상대의 팔을 주의 깊게 살펴봄으로써 그의 라이프스타일에 대한 정보를 얻는다. 부드럽고 손질이 잘된 팔꿈치는 매일 현장 업무로 상처가 많고 피부가 그을린 사람들의 팔꿈치와 사뭇 다르다. 군대나 감옥에서 지낸 적이 있는 사람들은 팔에 자신의 일탈 경험을 드러내는 인위적 흔적을 보이기도 한다. 정맥주사용 마약 사용자의 팔에는 정맥을 따라 그 흔적이 남아 있다. 경계성 인격장애borderline personality로 알려진 심리적 장애로 고통받는 사람들은 흔히 자신의 팔에 스스로 의도적인 상해를 가한 상처가 남아 있다.

최근 문신에 대한 관심이 높아지면서 나는 배심원을 상대로 문신을 한 증인이나 피고인에 대해 어떻게 생각하는지 조사한 적이 있다. 그 조사는 남성과 여성을 상대로 여러 번 시행되었는데, 결과는 배심원들이 문신을 낮은 지위(계층)의 장식이나 젊은 이의 치기 정도로 생각하는 것으로 나타났다. 그래서 나는 학생들에게 만약 문신이 있다면 숨기라고 말한다. 특히 취업을 위해 면접을 보거나 요식업계와 의료계로 진출할 계획이라면 더욱더 그렇다.

간혹 연예계 스타들이 문신을 하기도 하지만 그들조차 일할 때는 그것을 가린다. 대부분의 사람들은 문신을 긍정적으로 생각하지 않는다. 시간이 지나면 의식이 변할지도 모르지만 아직은 그렇지 않으므로 긍정적 이미지를 남기고 싶다면 문신을 감추는 것이 좋다.

친밀함을 나타내는 법

아이들은 애정이 담긴 신체 접촉을 필요로 하고 그러한 분위기에서 안전을 느끼며 자랄 수 있다. 하지만 어른들은 어쩌다 한 번 기분 좋은 포옹을 받을 수 있다. 나는 사람들을 자주 안아주는 편인데 말을 하는 것보다 보살핌과 정을 훨씬 더 효과적으로 전달하기 때문이다.

다른 사람과 대인관계를 잘 맺고 유지하는 데 포옹만큼 강력하고 효과적인 것도 드물다. 하지만 어떤 사람은 사적인 공간에 대한 원치 않는 침범으로 보기도 한다. 좋은 의미의 포옹이 성적 접근으로 오해받을 수도 있으므로 환영받지 않는 곳에서 먼저 포옹하지 않도록 조심해야 한다. 다른 사람들의 행동을 항상 주의 깊게 관찰하고 해석해야 주어진 상황에서 포옹이 적절한지 부적절한지 파악할 수 있다.

굳이 포옹하지 않아도 팔을 사용해 따뜻함을 보여줄 수 있는 방법은 많다. 낯선 사람에게 다가갈 때 팔의 힘을 풀고 가능한 한 팔의 안쪽과 손바닥을 분명히 보여줌으로써 따뜻함을 전달하는 것도 좋다. 그것은 "안녕하세요, 저는 아무런 해도 끼치지 않을 겁니다"라는 메시지를 보내는 방법이다. 또한 다른 사람을 편안하게 하고 우호적인 관계를 촉진하는 방법이기도 하다.

라틴아메리카에서 아브라조abrazo는 남성 문화의 일부로 "나는 당신을 좋아합니다"라고 표현하는 하나의 방식이다. 아브라조를 할 때 두 사람은 가슴을 밀착하고 양팔은 상대방의 등을 감싸 덥석 안는다. 그런데 이런 강렬한 인사를 내켜하지 않거나 난처하게 생각하는 사람도 있다. 적어도 비즈니스맨이라면 먼저 아브라조를 하길 거부해서는 안 되고, 마치 자신의 할머니와 춤을 추는 것처럼 엉거주춤해서도 안 된다.

제대로, 바르게 하라. 어떤 문화에서는 작은 예의가 여러 의미를 전달해주기도 한다. 이 친밀한 인사법을 배우지 못한다면 냉정하거나 무관심한 사람으로 인식될 것이다. 간단한 제스처가 호의를 낳을 수 있는데 호감을 얻기 위해 다른 문화권의 인사법을 따르지 못할 이유가 없지 않은가.

몇 년 전에 플로리다주 탬파시에서 스파이 활동과 관련된 재판이 열렸다. 당시 피고인 측의 변호사는 나를 난처하게 만들고 평판을 떨어뜨리려는 의도로 나를 증인석에 세웠다. 그는 냉소적으로 "내버로 씨, 당신이 피고인이나 내 의뢰인을 만날 때마다 포옹했다는 것이 사실입니까?" 하고 물었다.

"포옹이 아니었습니다, 변호사님. 그것은 아브라조였고 차이가 있습니다. 또한 그것은 제가 당신의 의뢰인이 무기를 소지했는지 알아볼 기회였습니다. 왜냐하면 이전에 그는 은행을 턴 적이 있으니까요."

내 말에 놀란 피고인 측 변호사는 즉시 자극적인 질문을 끝냈다. 그는 자신의 의뢰인이 총을 소지하고 은행 강도질을 했다는 사실을 몰랐던 것이다. 흥미롭게도 이 재판에서 언급된 아브라조 얘기는 탬파시의 신문에 소개됐다. 그리고 이후 문제의 그 변호사와 나는 친구가 됐다.

감정을 표현하는 팔의 움직임

팔은 다른 사람의 의도와 감정을 해석할 수 있는 많은 정보를 전달한다. 내가 볼 때 누군가와 라포rapport를 형성하는 좋은 방법 중 하나는 상대방의 팔꿈치와 어깨 사이의 어딘가에 접촉하는 것이다. 물론 그렇게 하기 전에 그의 개인적·문화적 취향과 선호를 알고 있어야 한다. 일반적으로 그 부분은 다른 사람에게 호흡이 맞는다는 것을 알리기에 안전하고도 적절한 접촉 부위다.

지중해와 남미, 그리고 아랍 문화권에서 서로 접촉하는 것은 커뮤니케이션과 관계를 위한 중요한 요소다. 이곳을 여행할 때 만약 누군가가 당신의 팔에 접촉해 오더라도 충격을 받거나 놀라거나 겁 먹지 마라. 그 행동은 그들이 "우리는 괜찮아"라고 말하는 방식이다.

인간적 접촉은 커뮤니케이션과 밀접하게 관련돼 있으므로 사람들 사이에 접촉이 없으면 오히려 관심을 갖고 그 이유를 생각해봐야 한다.

PART 5

손, 성공을
움켜잡는 기술

모든 종 가운데 인간의 손만 독특하다. 인간의 손은 어떤 목적을 달성할 뿐 아니라 의사소통까지 해낸다. 시스티나성당의 천장벽화를 그릴 수 있고, 기타를 연주할 수 있다. 수술도구를 다룰 수 있고, 다비드상을 조각할 수 있고, 시를 쓸 수 있다. 또한 손은 잡을 수 있고, 긁을 수 있고, 찌를 수 있고, 구멍을 뚫을 수 있고, 느낄 수 있고, 감지할 수 있고, 평가할 수 있고, 주위의 세상을 본뜰 수 있다.

인간의 손은 표현력이 풍부하다. 들을 수 없는 사람에게는 신호가 되고 말하는 것을 돕거나 내면을 드러내기도 한다. 그렇게 놀라운 능력이 있는 손은 다른 종에서 절대 찾아볼 수 없다.

매우 정교한 움직임을 수행하는 손은 뇌 속의 미묘한 차이까지 반영한다. 따라서 손 움직임을 이해하는 것은 비언어 행동을 해석하는 데 상당히 중요하다. 손 움직임 중에서 의식적이든 무의식적이든 뇌가 지시하지 않는 것은 없기 때문이다. 언어 습득에도 불구하고 수백 년의 진화를 거친 뇌는 여전히 정서, 생각, 느낌을 전달하는 데 손을 끌어들이도록 프로그래밍되어 있다. 말을 하건 안 하건 손 움직임은 다른 사람의 생각과 감정을 이해하는 데 도움을 주는 비언어 행동의 원천이다.

다른 사람의 손만 당신에게 중요한 정보를 전달하는 것이 아니라, 당신의 손 움직임도 다른 사람이 당신을 인지하는 데 영향을 준다. 손을 이용하는 다양한 방식은 전반적인 대인관계를 성공으로 이끄는 데 영향을 미친다.

인간의 뇌는 미세한 손과 손가락의 움직임을 감지하도록 프로그래밍되어 있다. 사실 뇌는 손목과 손바닥, 손가락 그리고 손에 과도하게 주의를 기울인다. 진화론적 관점에서 인간이 직립보행을 하고 뇌가 점점 커지면서 손의 기능도 다양해졌고 표현력이 더욱 풍부해지는 동시에 보다 위험해졌다.

인간은 생존하기 위해 손을 재빨리 이용해 상대가 무엇을 말하고 있는지 또는 그에게 악의가 있는지(무기를 소지하고 있는 것처럼) 알아내야 한다. 뇌는 본능적으로 손에 집중하는 경향이 있기 때문에 성공적인 엔터테이너, 마술사, 그리고 위대한 연설가는 손을 이용해 프레젠테이션의 열기를 고조시키거나 주의를 다른 데로 돌리기도 한다.

성공적인 연설가는 손 움직임을 적절히 사용할 줄 안다. 안타깝게도 커뮤니케이션 기술을 향상시키기 위해 손 움직임을 발전시킨 대표적인 인물은 바로 아돌프 히틀러다. 제1차 세계대전 때는 일개 병사에 불과했고 연하장을 그리는 화가였던 보잘것없는 체격의 히틀러는 천부적인 웅변가와 관련이 있을 법한 그 어떤 경력이나 무대 경험도 없었다.

하지만 히틀러는 거울 앞에 서서 말하는 법을 연습하기 시작했다. 나중에 그는 극적인 연설 스타일을 연마하기 위해 손 움직임을 녹화하면서 부단히 스스로를 갈고닦았다. 그 나머지는 역사가 보여주는 그대로다.

한 사악한 인간이 수사학적 기술을 이용해 독일제국의 지도자로 출세한 것이다. 히틀러가 손 움직임을 연습하는 영화 몇 편이 아직도 기록보관소에 남아 있다. 그 영화는 청중을 사로잡고 통제하기 위해 손을 이용한 연설가로서의 그의 노력을 보여준다.

사람들은 효과적인 손 움직임에 긍정적으로 반응한다. 만약 설득력 있는 연설가가 되고 싶다면 가정, 직장, 또는 친구들 앞에서 표현력이 풍부한 손 움직임을 활용해보라. 어떤 사람은 효과적인 손 커뮤니케이션 능력을 타고난 것처럼 매우 능숙하게 해낸다. 그러나 또 다른 사람은 집중된 노력과 훈련을 통해 그런 능력을 습득한다. 말을 하건 안 하건 손을 활용하면 자신의 생각을 보다 효과적으로 전달할 수 있다는 사실을 기억하라.

테이블 밑에 손을 숨기지 마라

말하는 동안 손을 감추면 상대방이 의혹을 품게 된다. 그러므로 다른 사람과 일대일 커뮤니케이션을 할 때는 반드시 손이 보이도록 하는 것이 좋다. 만약 테이블 밑에 손을 두고 누군가와 이야기해본 경험이 있다면 그런 대화가 얼마나 불편한지 금세 감지했을 것이다. 사적으로 교감하는 사람들은 대부분 서로의 손을 본다. 왜냐하면 뇌는 총체적인 커뮤니케이션 과정의 한 부분으로 손에 의존하기 때문이다.

수년 전에 나는 학생들을 대상으로 한 가지 실험을 했다. 이때 학생들에게 서로 인터뷰를 하도록 요청했는데, 절반의 학생에게는 대화하는 동안 손을 책상 밑에 두라고 했고 나머지 절반의 학생에게는 손을 보이는 곳에 두라고 했다. 15분의 인터뷰가 끝난 뒤 우리는 책상 밑에 손을 둔 학생들이 불편하고 수줍음을 타는 듯하고 뭔가 감추는 듯하고 비열하고 심지어 속이는 것으로 인지된다는 것을 알게 됐다. 반면 손을 보인 학생은 개방적이고 우호적으로 인식됐으며 누군가를 속이는 것으로 인지되지 않았다. 그 실험이 공개적이고 과학적인 것은 아니었지만 상당히 유익했다.

배심원들을 상대로 조사한 결과에서는 변호사의 손이 책상 뒤에 가려져 있을 때 배심원들이 싫어한다는 사실이 밝혀졌다. 배심원들은 변호사의 손을 보고 그의 변론을 더욱 정확하게 평가할 수 있기를 원했다. 또한 배심원들은 증인이 손을 숨기면 뭔가 진심을 숨기고 있거나 심지어 거짓말을 한다고 생각하면서 부정적으로 인지했다.

손이 보이지 않거나 손의 표현이 부족하면 전달되는 정보가 지각되는 질이 낮아지고 정직성을 의심받는 것이다.

악수할 때 힘쓰지 마세요

악수는 보통 사람들이 상대와 처음 만나 하는 신체 접촉이다. 악수의 강도, 유지하는 시간, 그 밖에 다른 악수 자세는 상대에게 자신을 인지시키는 데 영향을 준다. 악수를 한 뒤 좋은 느낌 또는 불편한 느낌을 주었던 누군가를 기억할 것이다. 오랫동안 강한 인상을 남기는 악수의 위력을 무시하지 마라. 그것은 아주 의미심장하다.

손을 사용한 인사가 어떻게, 얼마나 오랫동안, 그리고 얼마나 강하게 이뤄져야 하는지는 문화에 따라 다르지만 전 세계인은 보편적으로 손 인사를 한다. 브리검영대학에 다니기 위해 유타로 이주했을 때 그곳 학생들에게 '모르몬 악수'를 소개받았다. 모르몬 악수는 매우 강하고 긴 악수로, 그 대학 학생들뿐 아니라 모르몬교(기독교의 한 종파로 이집트어 금판을 번역했다는 모르몬경을 성전으로 삼는다) 신자들도 하는 인사법이다.

그곳에서 지내는 몇 년간 나는 특히 외국 학생들이 지나치게 열정적인 이 악수 때문에 얼마나 어리둥절해하는지 유심히 지켜봤다. 대다수의 문화권에서 악수는 가볍게 이뤄지기 때문이다. 악수는 보통 두 사람이 처음 접촉했을 때 하게 되며 그 순간에 관계가 정의될 수도 있다. 어떤 사람은 단순한 인사 차원을 넘어 자신의 우월성을 입증하는 데 악수를 이용하기도 한다. 1980년대 미국에서는 지배력과 우월성을 입증하려면 악수를 어떻게 이용해야 하는지와 관련해 여러 권의 책이 출판되기도 했다. 이 얼마나 에너지 낭비인가!

나는 주도권을 갖기 위해 악수로 시합하는 것을 권하고 싶지 않다. 악수의 목적은 다른 사람을 만났을 때 나쁜 인상이 아니라 좋은 인상을 남기는 데 있기 때문이다. 한번은 악수를 통해 우월성을 입증하려는 사람과 악수한 적이 있는데 내가 받은 느낌은 상당히 부정적이었다. 그는 나에게 열등감을 느끼게 한 것이 아니라 단지 나를 불쾌하게 했을 뿐이다.

개중에는 악수할 때 검지로 상대방 손목의 안쪽을 건드리는 사람도 있다. 이런 상황에서 상대는 조금 불편하게 느낄 뿐 그리 놀라진 않는다. 또 어떤 사람은 흔히 '정치가 악수'로 불리는 것처럼 악수하는 동안 상대의 손등을 왼손으로 감싸는데, 상대를 멀어지게 할 생각이 아니라면 이런 식의 악수는 피하는 것이 좋다. 특히 미국 남성은 서로 손잡는 것을 불편해하기 때문이다. 다른 많은 문화권에서는 그렇지 않다. FBI아카데미에서 젊은 요원들을 가르칠 때, 일어서서 서로 악수를 하라고 하면 별다른 문제가 일어나지 않는다. 그러나 그들에게 마주보고 두 손을 잡으라고 하면 즉시 불만이 터져나온다. 그럴 때 나는 다양한 문화권의 사람들을 대해야 하고 그들은 손을 잡음으로써 친밀감을 느낀다는 것을 얘기해주면 그제야 움찔거리다 겨우 손을 잡는다.

해외여행을 갈 때 인사하는 법부터 익혀라

FBI 맨해튼 사무소에 배정됐을 때, 한번은 불가리아에서 망명한 구 소련의 전직 정보관과 함께 일하게 됐다. 그는 나이가 지긋한 신사로 시간이 지나면서 우리는 매우 가까워졌다. 어느 날 오후 그의 집에 초대받았던 때가 기억난다. 그는 차를 마시면서 소련 치하에서의 자신의 일과 삶에 대해 이야기했다. 그때 그는 내 왼손을 잡고 거의 30분이나 그냥 그대로 있었다. 다른 사람의 손을 잡는 행위가 그에게 대단한 즐거움과 편안함을 주는 것 같았다. 동시에 그것은 나에 대한 신뢰의 표시였다.

그가 그때 들려준 얘기는 전직 정보관의 틀에 박힌 임무 보고 이상의 내용이었다. 내가 거리낌 없이 그의 손을 받아들이자 그는 추가로 매우 중요한 정보를 내놓았다. 만약 접촉이나 다른 남성이 손잡는 것을 불편하게 여겨 내가 손을 뺐다면 분명 그런 정보를 얻지 못했을 것이다.

어떤 대인관계에서든 신체 접촉에 변화가 생겼는지 평가하는 것은 매우 중요하다. 만약 관계가 나빠졌거나 손상된 경우에는 접촉의 횟수가 갑자기 줄어든다. 어떤 관계에서든 신뢰하면 촉각적 행동이 늘어나게 마련이다. 만약 당신이 외국을 여행하고 있거나 할 계획이라면 그 나라의 문화적 전통, 특히 인사하는 법을 반드시 이해해야 한다. 누군가가 당신에게 힘없이 악수를 해도 찡그리지 마라. 어떤 사람이 당신의 팔을 잡더라도 움츠리지 마

라. 당신이 중동에 있고 누군가가 당신의 손을 잡기를 원한다면 손을 맡겨라. 당신이 러시아를 방문하고 있는 남성이라면, 초대한 남성이 당신의 볼에 키스를 하더라도 놀라지 마라. 이 모든 인사법은 진정한 마음이 담긴 악수만큼이나 자연스러운 것이다.

아랍인이나 아시아인이 두 손으로 내 손을 잡으려고 할 때 나는 영광스럽게 생각한다. 왜냐하면 그것이 높은 존경과 신뢰의 표시라는 사실을 알기 때문이다. 이런 문화적 차이를 받아들이는 것은 다양성을 더욱 잘 이해하고 기꺼이 받아들이기 위한 첫걸음이다.

손가락질보다 손바닥을 펴고 가리켜라

전 세계의 많은 나라에서 손가락질은 사람이 표현할 수 있는 가장 무례한 행동으로 인식되고 있다. 많은 연구들을 통해 다른 사람이 자신에게 손가락질하는 걸 싫어한다는 알 수 있다. 어디에서든 손가락질은 간혹 싸움의 발단이 되기도 한다. 자녀와 이야기할 때 부모는 흔히 "나는 네가 그 일을 저질렀다는 걸 알고 있어"라고 말하며 아이를 손가락으로 가리키는데, 이는 피해야 할 행동이다. 손가락질은 누구에게나 불쾌감을 자아내기 때문에 아이는 자기가 저지른 잘못을 인정하지 않을 수 있다.

한 연구에 따르면, 검사는 피고인을 검지로 가리킬 때 매우 주의해야 한다고 한다. 배심원들은 그런 행동을 좋아하지 않는다. 아직 유죄 판결이 나지 않은 상태에서 검사에게 그럴 권리가 없다고 생각하기 때문이다. 피고인에게는 손가락보다 손을 펴서 손바닥을 위로 하고 가리키는 행동이 훨씬 낫다.

간혹 유죄 판결이 난 뒤에 최종 변론을 하는 동안 검사가 검지로 피고인을 가리키는 경우도 있다. 그러나 모의 배심원들을 대상으로 수십 번에 걸쳐 조사해본 결과, 자칫 사소해 보이는 그

52
손가락으로 가리키는 것은 상당히 무례한 행동이다. 이 행동은 세계 어디에서나 부정적인 의미로 인식된다.

런 행동조차도 못마땅하게 여기는 것으로 나타났다. 나는 변호사들에게 법정에서 손가락으로 가리키는 행동을 하지 말라고 말한다. 물론 직장 동료나 배우자, 자녀에게도 손가락질은 피해야 한다. 손가락질은 분명 무례한 행동이다.

누군가를 향해 손가락으로 소리를 내는 것도 무례한 행동으로 인식된다. 2005년, 마이클 잭슨 재판에서 배심원들은 한 원고 어머니가 손가락으로 연신 배심원단을 가리키며 못마땅한 표정을 짓는 걸 지켜봤다. 이러한 부정적인 행동은 자신에게 아무런 도움이 되지 않는다. 이 재판에서 마이클 잭슨은 무죄를 선고받았다.

타인 앞에서 외모를 다듬지 마라

누구나 자주 손가락을 사용해 옷, 머리, 몸을 다듬어 외모를 정돈한다. 특히 연애할 때는 모양내는 일에 더욱 정성을 기울인다. 때론 자신의 외모뿐 아니라 상대방의 몸도 치장해준다. 친밀감은 남성이 여성의 입가에 묻은 음식물 자국을 친절하게 닦아줄 때, 또는 여성이 상냥하게 남성의 소매에서 보푸라기를 떼어낼 때 더욱 강하게 엿보인다. 이런 행동은 엄마와 아기 사이에서도 나타나는 보살핌과 애정의 표시다. 어떤 관계에서 드러나는 이런 모습은 라포와 친밀감의 수준을 파악할 수 있는 좋은 척도가 된다.

하지만 모양내기는 부정적인 인식을 불러일으킬 수도 있다. 예를 들어 다른 누군가가 말하고 있을 때 마치 관심이 없다는 듯 어깨에 먼지를 털거나 머리를 매만지는 등 자신을 다듬는 것은 무례한 행동으로, 상대방의 말에 관심이 없다는 거부의 신호다.

덧붙여 사회적으로 받아들이기 어려운 모양내기도 있다. 예 컨대 버스 안에서 스웨터에 붙은 보푸라기를 떼어내는 것은 괜찮지만 공공장소에서 손톱을 깎는 것은 다른 문제. 또한 어떤

#53
다른 사람이 여러분에게 말하고 있을 때
모양내기를 하는 것은 실례다. 이것은
상대방의 말에 관심이 없다는 거부의 신호.

상황이나 문화권에서 사회적으로 용인되는 모양내기가 또 다른 문화권이나 상황에서는 그렇지 않을 수도 있다. 특히 그다지 친하지 않은 관계에서 한 사람이 다른 사람의 모양을 다듬어주는 행동은 부적절하다.

손에 땀이 난다고 다 거짓말을 하고 있는 것일까?

때로는 손을 보고 그 사람이 하는 일이나 활동의 종류를 파악하는 것이 가능하다. 육체노동을 하는 사람은 대개 손이 거칠고 굳은 살이 있다. 흉터는 농장에서 일하는 사람이나 운동선수들에게서 나타날 수 있다. 주먹을 쥔 채 손을 옆에 붙이고 서 있는 자세는 군대 경험이 있음을 드러내기도 한다. 기타 연주자는 한쪽 손가락 끝에 굳은살이 있을 수 있다.

손은 청결할 수도 더러울 수도 있다. 손톱은 손질되어 있을 수도 있고 엉망일 수도 있다. 남성의 긴 손톱은 지저분하고 나약하게 보일 수 있다. 보통 손톱 물어뜯기는 긴장이나 불안의 표시로 해석된다. 인간의 뇌는 손에 많이 집중하므로 손의 위생에 더 많은 주의를 기울여야 한다.

축축한 손과 악수하기를 좋아하는 사람은 거의 없다. 그래서 나는 악수를 하기 전에 손을 닦아 축축함을 없애라고 조언한다. 땀은 지나치게 더울 때뿐 아니라 긴장하거나 스트레스를 받을

때도 발생 한다. 변연계의 정지, 도망, 투쟁반응이 일어나면 활성
화된 신경계의 동일한 부분(교감신경계)도 땀샘을 조절한다. 손에
땀이 많은 누군가와 접촉할 때면 그가 스트레스를 받고 있다고
인식할 수도 있다(변연계 각성은 땀을 유발한다). 이때 그가 안정을
찾도록 조심성 있게 행동함으로써 대인관계에서 점수를 딸 기회
로 이용하라. 스트레스를 받고 있는 상대를 편안하게 해주는 것
은 솔직하고 효과적이며 성공적인 상호작용을 보증하는 최선의
방법이다.

손에서 땀이 나면 거짓말을 하는 것이라고 잘못 생각하는 사
람도 있다. 하지만 결코 그렇지 않다. 어떤 사람은 새로운 인물을
만나는 것처럼 단순한 일에서도 손에 땀이 날 수 있으므로 이러
한 현상을 속임수로 해석해서는 안 된다.

사실 인구의 약 5퍼센트가 땀을 많이 흘리며(다한증) 만성적인 발한이 생활을 불편하게 만들 정도로 땀투성이가 되게 한다. 손에 땀이 많은 것은 속임수의 표시가 아니라 스트레스를 받았거나 유전적인 질병이 원인일 수 있다. 그러므로 축축한 손의 원인에 대해 섣부른 판단은 경계해야 한다.

손이 말하는 스트레스 강도

지금까지 당신의 손 움직임과 모양이 다른 사람이 당신을 인식하는 방식에 어떤 영향을 줄 수 있는지 살펴봤다. 이제는 다른 사람의 생각과 느낌을 읽는 데 도움이 될 만한 손의 비언어를 고찰해보자. 나는 정보를 보여주는 손의 몇 가지 일반적인 행동부터 다른 사람을 이해하는 데 도움이 되는 특정한 행동까지 분석할 것이다.

손과 손가락을 통제하는 근육은 매우 정밀하고 정교하다. 변연계가 각성할 경우 인간은 스트레스를 느끼고 긴장하게 된다. 이때 신경전달물질과 아드레날린 같은 호르몬이 분출되고, 이는 통제할 수 없는 손의 떨림을 야기한다. 어떤 부정적 결과를 듣고 보거나 생각할 때도 손이 떨린다. 손에 쥐고 있는 어떤 물건도 "나는 스트레스를 받고 있어요"라는 메시지를 넌지시 알리면서 떨림을 확연히 보여준다.

FBI 요원 시절 나는 한 스파이 활동을 조사하고 있었다. 그 사건의 핵심으로 추정되는 인물을 인터뷰하고 있었지만 사실 그가 그 사건에 관련돼 있다는 실제 단서는 없었다. 그 사건에는 어떤 목격자나 실마리도 없었고 단지 누군가가 관련돼 있을 거라는 막연한 느낌만 있었을 뿐이다.

　인터뷰를 하는 동안 용의자는 담배에 불을 붙였고 나는 그 사건과 관련돼 있을 거라고 예상되는 사람들의 이름을 거론했다. 그런데 콘라드라는 이름을 언급한 순간 그가 쥐고 있던 담배가 마치 거짓말탐지기의 바늘처럼 흔들렸다. 나는 그 움직임을 놓치지 않았다. 담배를 쥔 손이 떨리는 것은 위협에 대한 변연계 반응이다. 또한 그 떨림은 그가 그 이름을 발설하면 위험에 처한다는 것을 암시했다. 그에게 그 사건에 대한 정보가 있거나 그가 직접적으로 연루돼 있을 가능성이 컸다.

　아무것도 알지 못하는 상태에서 인터뷰를 시작했지만 나는 그의 흔들리는 손을 보고 추가적인 수사에 박차를 가했다. 담배를 쥔 손이 떨리지 않았다면 그는 법망을 피해갈 수 있었을지도 모른다. 1년간의 수사 끝에 그는 마침내 바오로 2세 전 교황의 행적을 폴란드 공산정권에 보고한 콘라드 신부와 함께 스파이 활동에 연루된 사실을 인정했고 자신의 죄를 순순히 자백했다.

　손의 떨림은 연필이나 담배처럼 가늘고 긴 물건, 또는 상대적으로 길지만 종잇조각처럼 가벼운 것을 쥐고 있을 때 특히 눈에 띈다. 그런 물건을 쥐고 있는 상태에서 스트레스 상황을 만들어낸 말이나 사건을 들으면 곧바로 물건이 흔들리게 된다.

당첨된 복권이나 포커에서 이기는 패를 쥐고 있을 때처럼 긍정적인 정서도 손을 떨리게 한다. 정말로 흥분하면 통제할 수 없을 정도로 손이 떨리기도 한다. 이런 동작은 변연계에 의해 강제된 반응이다. 공항에서 부모나 배우자, 또는 귀환하는 군인을 기다리는 사람들의 손은 가벼운 흥분으로 흔들린다. 그들은 다른 사람의 손을 붙잡거나 자기 팔의 아랫부분에 손을 넣거나 가슴쯤에서 손을 잡음으로써 떨림을 억제한다. 비틀스가 미국을 처음으로 방문했을 무렵의 영상에서 극도로 흥분에 휩싸인 소녀들이 두 손을 꽉 쥐고 있는 모습을 쉽게 볼 수 있는 것도 그 때문이다.

손이 떨리는 이유가 두려움 때문인지 아니면 기쁨 때문인지 알아내기 위해서는 상황을 충분히 파악해야 한다. 만약 손을 목에 대거나 아래위 입술을 함께 누르는 것처럼 진정시키는 행동과 함께 손의 떨림이 나타난다면, 그 떨림은 긍정적인 것이라기보다 스트레스나 부정적인 상황과 관련돼 있을 가능성이 크다.

떨리는 손은 정상적인 손 움직임에서 변화했을 때만 비언어 커뮤니케이션으로서의 의미가 있다. 만약 어떤 사람의 손이 항상 떨린다면, 예를 들어 그 사람이 카페인중독이나 약물중독이라면 그 떨림은 정보를 제공하긴 하지만 비언어 행동에서는 그 사람을 보여주는 하나의 기준선일 뿐이다. 마찬가지로 파킨스병 같은 신경학상의 장애가 있는 사람들의 손 떨림은 그들의 정서 상태를 나타내는 단서가 될 수 없다.

그런데 만약 계속 떨던 사람이 잠시 떨림을 멈춘다면 특정 주제에 더 깊이 집중하려는 계획적인 시도일 수 있다. 가장 의미심장한 것은 행동 변화라는 것을 기억해야 한다. 일반적으로 갑자기 시작하거나 멈추는, 또는 눈에 띄는 기준행동과 다른 행동은 더욱 자세히 살펴볼 필요가 있다. 특히 떨림이 발생하는 상황, 발생하는 때, 특정 해석을 지지해줄 다른 신체언어를 충분히 고려해야 정확하게 파악할 수 있다.

변호사의 자신감은 손으로 나타난다

자신감을 표현할 때는 뇌의 편안함과 자기 확신이 함께 반영된다. 손과 관련된 몇 가지 자신감의 표현은 현재 상태에 대해 기분 좋게 느끼거나 편안하다는 것을 보여준다.

손으로 첨탑 모양을 하는 것은 아마도 가장 높은 자신감을 나타내는 신체언어일 것이다. 기도하는 손과 비슷한 동작으로 양손의 펴진 손가락 끝을 서로 대지만 깍지는 끼지 않고 양쪽 손바닥도 서로 닿지 않는다. 손이 교회 첨탑의 뾰족한 꼭대기처럼 보여 첨탑 모양으로 불린다.

여성은 흔히 허리 높이에서 첨탑 모양을 하지만 남성은 가슴 높이에서 하는 경향이 있기 때문에 남성의 첨탑 모양이 더 눈에 잘 띄고 강력해 보인다. 첨탑 모양을 하는 것은 자기 생각과 입장

**손가락 끝을 서로 닿게 해서
손으로 첨탑 모양을 만드는 것은
자신감에 대한 가장 강력한 표현이다.**

을 확신한다는 의미다. 나아가 어떻게 느끼는지, 자신의 견해에
얼마나 몰입하는지 정확히 보여준다. 첨탑 모양 하기는 법정에서
증언할 때 매우 유용하다. 증인은 핵심을 강조하거나 자신의 말
에 대한 높은 자신감을 나타낼 때 첨탑 모양을 하고, 그들의 증언
은 손을 무릎 위에 두거나 깍지 낄 때보다 배심원에게 더 강하게
인지된다.

　흥미롭게도 변호사는 자신의 증인이 증언할 때 첨탑 모양을
해도 증언의 가치가 높아진다. 변호사가 증인의 진술을 확신한다
는 것이 전달되기 때문이다. 증인이 깍지를 끼거나 양손을 틀어
쥘 경우 배심원들은 그런 행동을 긴장이나 속임수와 연관시킨다.
그러나 정직한 사람과 부정직한 사람 모두 보일 수 있는 행동이
므로 그것을 자동적으로 거짓말과 연관지어서는 안 된다. 대체로

증언할 때는 손을 첨탑 모양으로 만들거나 두 손으로 컵을 쥔 모양을 만드는 것이 좋다. 이런 행동은 더 권위 있고 확신에 차 있으며 진실된 것으로 인지되기 때문이다.

지위가 높은 사람은 자신에 대한 자신감으로 첨탑 모양 하기를 일상적으로 나타낸다. 사실 첨탑 모양 하기는 그 수준도 다양하고 스타일도 각각 다르다. 어떤 사람은 늘 첨탑 모양을 하고 또 어떤 사람은 좀처럼 그런 행동을 하지 않는다. 또 다른 사람들은 변형된 첨탑 모양을 만들기도 한다(쭉 편 검지와 엄지만 서로 대고 나머지 손가락은 깍지를 끼는 것 같은).

어떤 사람은 테이블 아래에서, 또 어떤 사람은 머리 위에서 첨탑 모양을 만든다. 첨탑 모양 하기의 강력한 비언어적 의미를 의식하지 못하는 상태에서 그들이 긍정적 상황에 있다면 그 반응은 상당 시간 지속될 수 있다. 심지어 이 행동이 습관이 되어 그것을 숨기는 데 어려움을 겪기도 한다. 변연계 뇌가 첨탑 모양 하기 표현을 자동적 반응으로 만들어버렸기 때문이다. 특히 어떤 사람은 흥분했을 때 이 반응을 통제하는 것을 잊는다.

비언어 행동에서 이런 변화는 즉시 발생하고 상황 변화에 대한 실시간 반응을 정확히 반영한다. 때로 첨탑 모양(높은 자신감)에서 순식간에 깍지 끼기(낮은 자신감)로 바뀌기도 하는데, 이는 확신이 의심으로 변화됐음을 반영한다.

첨탑 모양 하기는 활용하기에 따라 매우 유용한 행동이 될 수 있다. 연설가나 판매직 종사자들은 중요한 핵심을 전달할 때 종

#56
양손을 깍지 끼고 꽉 잡는 것은
우리가 스트레스를 받고 있거나 걱정하고
있음을 보여주는 보편적인 방식이다.

종 그런 표현을 활용한다. 취업 면접을 보고 있을 때, 프레젠테이
션을 할 때, 어떤 문제를 토론할 때 당신의 손이 표현할 수 있는
자신감에 대해 생각해보라.

경찰관의 카리스마 있는 모습은 어떻게 만들어질까?

비언어가 때로 언어를 어떻게 반영하는지 살펴보는 것은 매
우 흥미롭다. 영화평론가가 양손의 엄지를 위로 세우는 것은 영
화의 작품성에 대한 확신을 나타낸다. 엄지를 치켜 올리는 것은
대개 높은 자신감을 보여주는 비언어 신호인데, 흥미롭게도 그것
은 또한 높은 지위와 연관돼 있다.

존 F. 케네디의 사진들을 보라. 특이하게도 손을 코트 주머니에 넣은 상태에서 엄지만 밖으로 내놓고 있는 모습을 자주 보여주고 있다.

변호사, 대학교수, 의사들이 엄지를 공중에서 위로 향하게 하는 동시에 옷깃을 잡고 있는 모습도 자주 볼 수 있다. 엄지는 공중에 두고 한쪽 손으로 옷깃을 잡은 모습을 촬영한 패션사진이

57
지위가 높은 사람에게 자주 보이는
'주머니 바깥으로 내놓은 엄지'는
높은 자신감의 표현이다.

나 인물사진을 주로 취급하는 스튜디오도 있다. 이 회사의 마케팅팀은 분명 엄지를 위로 하는 것이 높은 자신감이나 높은 지위의 표현이라는 점을 인식하고 있을 것이다.

사람들이 엄지를 위로 세우는 것은 자신을 높게 생각하거나 자기 생각 및 현재 상황에 확신이 있다는 신호다. 엄지를 위로 하는 것은 편안함과 높은 자신감을 표현하는 비언어 신호의 한 유형이다. 엄지를 위로 똑바로 세울 때를 제외하고 손가락을 깍지 끼는 것은 낮은 자신감을 보여주는 행동이다.

엄지 표현을 하는 사람은 일반적으로 자신의 환경을 더 많이 인식하고 있고 자기 사고에 더욱 민감하며 예리한 경향이 있다. 엄지를 위로 향하게 하는 사람들을 잘 관찰해 그들이 이러한 분석에 얼마나 들어맞는지 알아보라. 보통 때 사람들은 엄지를 위로 하는 자세를 취하지 않는다. 따라서 그들이 그렇게 할 때는 긍정적 감정을 표시하는 의미심장한 행동이라는 것을 확신할 수 있다.

낮은 자신감은 특히 남성들이 엄지를 주머니에 넣고 다른 손가락은 내놓을 때 분명히 인식할 수 있다. 이 신호는 "나는 나에 대해 확신이 없어요"라고 말하는 것이나 다름없다. 리더나 관리직에 있는 사람은 업무를 수행할 때 이런 행동을 보이지 않는다. 나는 첨탑 모양을 만드는 것으로 끝을 맺는 설득력 강한 프레젠테이션을 자주 봐왔다. 하지만 어떤 실수를 지적당했을 때 그들의 엄지는 아래로 내려갔다.

#58

엄지를 위로 향하는 것은 긍정적 사고의 좋은 표시이며, 대화하는 동안 유동적일 수 있다.

#59

중요하지 않거나 정서가 부정적으로 바뀔 때 엄지는 그림에서처럼 갑자기 사라질 수 있다.

엄지를 내리거나 숨기는 표현은 실망한 엄마 앞에 서 있는 아이를 연상시킨다. 이러한 행동은 높은 자신감에서 낮은 자신감으로 재빨리 바뀌었음을 보여준다.

콜롬비아 보고타에서 유명한 어느 호텔에 머물 때의 일이다. 내가 FBI에서 일했다는 사실을 아는 총지배인이 나를 찾아와 최근에 호텔 경호원들을 새로 고용했는데 꼬집어 말할 수는 없지만 그들에게 뭔가 못마땅한 점이 있다고 털어놓았다. 우리는 함께 경호원들이 서 있는 밖으로 나가 그들을 슬쩍 바라봤다. 총지배인은 그들이 제복도 잘 입고 구두도 잘 닦여 있지만 뭔가가 제대로 되어 있지 않다고 느꼈다.

나는 보안대원들이 엄지를 주머니에 넣고 서 있는 탓에 그들

#60
주머니 속에 들어간 엄지는 낮은 지위와
낮은 자신감을 나타낸다. 그릇된 메시지를 보내는
표현이므로 권위 있는 사람은 피해야 한다.

이 나약하고 무능하게 보인다는 점을 발견했다. 이튿날 보안대원
들에게 어떻게 서 있어야 손님들에게 위협적으로 보이지 않으면
서 권위 있게 느껴지는지 지침이 내려졌다(손은 뒤로하고 턱은 올
리고).

때론 작은 것이 많은 것을 보여준다. 엄지를 주머니에 넣고
서서 다른 사람들에게 자신을 어떻게 생각하는지 물어보라. 그들
은 그 자세가 내뿜는 그대로 나약한 태도를 확인시켜줄 것이다.
주머니에 들어간 엄지는 즉시 불안이나 사회적 불편함의 메시지
를 내보내므로 반드시 피해야 한다. 대통령 후보자나 한 나라의
지도자는 절대 엄지를 주머니에 넣는 자세를 취하지 않는다. 자
신감 있는 사람에게는 결코 나타나지 않는 행동이기 때문이다.

남성적 우월함의 강력한 표현

때로 남성은 무의식적으로 엄지를 벨트 안으로 넣고 바지를 끌어올리거나 심지어 매달린 손가락이 생식기에 틀을 만들게 하면서 엄지를 안쪽에 걸쳐둔다. 생식기 틀 만들기는 우월함의 강력한 표현이다. 본질적으로 그런 동작은 "이것 봐, 나는 건장한 남성이다"라고 말한다.

　이 책의 집필을 시작한 지 얼마 되지 않아 나는 버지니아주
콴티코에서 열린 세미나에서 이 비언어 행동에 대해 얘기했다.
그러자 학생들은 어떤 남자도 무의식적으로 자신의 성에 대해
그처럼 노골적이지 않을 거라며 비웃었다.

　그런데 그 이튿날, 한 학생이 다른 학생들에게 관찰한 것을
말하길, 자신의 친구가 욕실에서 몸을 씻은 다음 선글라스를 끼
고 의기양양하게 욕실을 나가기 전에 잠시 생식기 틀을 만들었
다고 했다. 확신하건대 그 학생은 분명 자신의 행동에 대해 인식
하지 못했을 것이다. 사실 생식기 틀 만들기는 보통 생각하는 것
보다 훨씬 많이 발생한다.

자신감이 없어질 때 나타나는 행동

연구 결과 거짓말을 하는 사람은 정직한 사람보다 접촉이 적고 팔과 다리를 적게 움직이는 경향이 있는 것으로 나타났다. 이것은 변연계 반응과 일치한다. 위협과 마주쳤을 때(예를 들면 거짓말이 간파된 경우)는 다른 사람들의 주의를 끌지 않기 위해 덜 움직이거나 정지한다. 이런 행동은 대화하는 도중에 자주 볼 수 있다. 왜냐하면 거짓말을 하는 동안에는 팔이 억제되고 진실을 말할 때는 활발하게 움직이기 때문이다.

거짓말을 하는 사람은 움직임이 활발하지 않다. 한번은 플로리다주 탬파에 있는 월마트 주차장에서 여섯 살 난 아들이 유괴당했다는 신고가 들어왔다. 소년의 엄마가 상황을 설명할 때 관찰실에서 그녀를 지켜본 나는 조사관들에게 그녀의 이야기를 믿을 수 없다고 말했다. 엄마의 태도가 너무 정적이고 차분했던 것이다.

누구든 진실을 말할 때는 상대방에게 그것을 이해시키기 위해 최선을 다한다. 팔과 얼굴로 제스처를 취하는 것은 물론, 감정을 이입하기 때문에 표현이 풍부해진다. 사실 사랑하는 아들을 유괴당한 엄마라면 감정이 폭발하고 간절한 행동이 동반되는 것이 당연하다. 그런 행동이 보이지 않는 것은 뭔가 다른 문제가 있음을 암시한다. 경찰 조사 결과 결국 그녀는 아이를 쓰레기용 비닐봉지에 넣어 질식시켜 살해했다고 자백했다. 그녀의 움직임을 억제한 변연계의 정지반응이 거짓을 폭로한 셈이다.

이러한 변화는 변연계의 통제를 받기 때문에 입으로 하는 말보다 더 믿을 수 있고 유용하다. 그것은 말하고 있는 사람의 마음속에서 실제로 무슨 일이 일어나고 있는지를 나타낸다. 그러므로 갑자기 손과 팔의 움직임이 줄어들지 않았는지 관찰하라. 움직임의 변화는 그 사람의 머릿속에서 어떤 일이 일어나고 있는가에 대해 많은 것을 말해준다.

특히 양손을 맞잡고 꽉 쥐거나 깍지를 끼는 것은 대개 스트레스나 낮은 자신감을 의미한다. 전 세계인에게 보편적으로 나타나는 이 진정시키기 행동은 마치 기도하는 것처럼 보인다. 어쩌면 실제로 기도를 하고 있을지도 모른다. 양손을 맞잡는 강도가 세지면 그 부위가 하얗게 변하면서 손가락 색이 변할 수도 있다. 이러한 행동이 나타나면 문제는 분명 더 악화된다.

의심하고 있거나 낮은 자신감과 약한 스트레스 상태에 있는 사람은 두 손바닥을 마주해서 가볍게 문지르는 경향이 있다. 걱정이 있거나 초조한 사람들은 보통 손가락으로 손바닥을 문지르거나 양손을 함께 문지름으로써 진정시킨다. 이때 만약 스트레스가 강해지거나 자신감이 계속 떨어지면 손가락으로 손바닥을 부드럽게 문지르던 행동이 갑자기 손가락을 교차해서 문지르는 행동으로 바뀐다. 아래위로 문지르기 위해 손가락이 서로 엇갈려 있을 때 뇌는 더 심각한 걱정이나 불안을 진정시키기 위해 손의 접촉을 필요로 하는 것이다.

#63

걱정이 있거나 초조할 때 우리는 손가락으로 손바닥을 문지르거나 양손을 함께 문지름으로써 진정시킨다.

#64

아래위로 문지르기 위해 손가락이 서로 엇갈려 있을 때 뇌는 더 심각한 걱정이나 불안을 진정시키기 위해 손 접촉을 더 필요로 한다.

손가락 교차는 내가 중대한 수사과정에서 자주 볼 수 있었던 심한 괴로움의 표시다. 양손을 문지를 때 극도로 민감한 주제가 나오면 손가락은 똑바로 펴지고 교차된다. 어쩌면 양손 사이의 늘어난 촉각적 접촉이 뇌에 진정시키는 메시지를 더 많이 전달하기 때문인지도 모른다.

의심이 갈 때는 손을 보라

목에 손대기를 이 장에서 다시 언급하는 이유는 손을 계속 주시하다 보면 결국 손이 목으로 가기 때문이다. 말할 때 목에 손을 대는 것은 평소보다 낮은 자신감을 반영하며, 스트레스를 완화하고 있음을 의미하기도 한다. 스트레스를 받을 때 목 부위, 목의 앞부분, 그리고 천돌을 가리는 것은 뇌가 위협적이거나 못마땅하거나 심란하거나 의심나거나 그 밖에 어떤 정서적인 것을 활발히 처리하고 있다는 보편적인 표시다.

비록 속이는 사람이 곤란할 때 그런 행동을 나타내 보이기도 하지만 그것은 속임수와 아무런 관계가 없다. 그러므로 손에서 눈을 떼지 마라. 마음속 불편함과 괴로움이 겉으로 드러날 때 손은 목으로 가거나 임기응변을 취해 목을 가린다. 그런데도 많은 사람이 이러한 행동의 중요성을 간과하고 있다.

때로는 목을 가리지 않는 행동이 거짓말을 폭로하는 단서가 될 수 있다. 나는 성폭행과 관련된 어떤 사건을 조사한 적이 있다. 피해 여성은 5년에 걸쳐 세 번의 성폭행을 신고했는데 이러한 빈도는 상식적으로 불가능한 일이었다. 그녀가 조사받는 장면을 녹화한 비디오테이프를 보면서 나는 그녀가 얼마나 놀랐는지, 얼마나 끔찍했는지를 말하는 동안 상당히 수동적인 모습이라는 걸 발견했다.

사실 나는 다른 성폭행 사건도 조사한 경험이 있는데, 그때 피해 여성은 사건이 발생한 지 수십 년이 지난 뒤에도 그 범죄를 이야기하는 동안 천돌을 가리는 경향을 보였다. 더 상세한 조사가 진행되면서 결국 그녀의 거짓말이 드러났다. 모두 그녀가 꾸며낸 얘기였던 것이다.

최근 한 컨퍼런스 중에 밖에서 잠시 친구와 이야기를 나누고 있는데 한 여성 동료가 한 손으로 천돌을 가리고 다른 손에 휴대 전화를 든 채 밖으로 나왔다. 친구는 아무런 문제도 없다는 듯 계속 이야기했지만 나는 그 여성이 통화를 끝내자 이렇게 말했다.

"뭔가 문제가 있는 것 같아. 가서 알아보는 게 좋겠어."

아니나 다를까 학교에 있던 그녀의 아이가 고열이 나서 빨리 데려와야 한다고 했다. 목에 손을 대는 행동은 그처럼 믿을 만하고 정확하기 때문에 면밀히 주의를 기울일 가치가 있다.

가운뎃손가락은 가능한 한 펴지 마라

손의 미세한 표현은 아주 짧은 비언어 행동이다. 부정적인 자극을 받아 이를 들키지 않도록 억누를 때 손의 떨림으로 나타나고 정상적 반응을 억제하려 할 때도 발생한다. 그러한 행동이 빨리 사라진다면 그 부정적인 마음을 잘 억제한 것이다. 가령 상사가 한 사원에게 누군가가 아프기 때문에 그를 돕기 위해 주말에도 일해야 한다고 말하는 상황을 상상해보라. 그 말을 듣자마자 그 사원은 코를 찡그리거나 미세하게 히죽 웃는다. 싫어함을 나타내는 이런 미세한 표현은 그가 정말로 어떻게 느끼는가를 정확하게 보여준다. 마찬가지로 손은 놀라울 정도로 미세한 표현을 잘 나타낸다.

캘리포니아대학 심리학 교수인 폴 에크만Paul Ekman 박사는 그의 책《거짓말 까발리기Telling Lies》에서 개인의 진짜 감정을 무의식적으로 전달하는 미세한 행동을 밝히기 위해 고감도 카메라를 사용한 연구 결과를 서술하고 있다. 에크만 박사가 관찰한 미세한 행동 가운데 하나는 가운뎃손가락을 세워 상대방에게 보이는 것이다.

한번은 중요한 국가안전 사건에 참관인으로 참여한 적이 있는데, 조사 대상자는 사법부 조사관장이 질문을 할 때마다 반복적으로 가운뎃손가락을 세워 안경을 제자리에 밀어 넣었다. 다른 조사관과의 조사에서 그런 행동이 관찰되지 않은 것으로 보아 아마도 그는 그 조사관장을 노골적으로 싫어했던 모양이다. 그 조사 장면은 녹화됐고, 우리는 그 장면을 확인하기 위해 녹화 테이프를 다시 자세히 살펴봤다.

사실 조사관장은 그가 가운뎃손가락을 세우는 걸 보지 못했고, 우리가 그 말을 했을 때 반감의 표시라는 것을 받아들이지 않았다. 그러나 모든 것이 끝났을 때, 그는 자신이 얼마나 조사관장을 혐오했는지에 대해 거칠게 털어놓았다.

손의 미세한 표현은 양손을 다리에서 아래쪽으로 밀다가 손바닥이 무릎에 닿는 순간 가운뎃손가락을 들어올리는 등 다양한 형태로 나타나며, 남성과 여성 모두에게서 관찰된다. 미세한 행동은 재빨리 나타나고 다른 행동에 의해 쉽게 가려지지만, 이런 행동을 관찰했다면 결코 간과하지 마라. 미세한 행동은 대개 적개심, 혐오, 경멸 또는 모멸의 표시이므로 잘 검토해야 한다.

손이 멈추는 때를 주목하라

다른 모든 비언어 행동과 마찬가지로 손 움직임의 갑작스런 변화는 생각과 감정의 변화를 암시한다. 연인이 식사하는 동안 손을 서로에게서 멀리 두고 움직이는 것은 방금 부정적인 뭔가가 발생했다는 신호다. 손을 거둬들이는 행동은 감정에 대한 정확한 실시간 표시로, 몇 초 안에 일어날 수도 있다.

점진적인 손 거둬들이기도 주목해야 한다. 얼마 전에 나는 대학 시절 이후 계속 친구로 지내온 부부에게 식사 초대를 받았다. 식사가 끝날 무렵 테이블에 둘러앉아 대화를 나누는데 경제적인 문제에 관한 얘기가 나왔다. 그들은 돈 문제로 어려움을 겪고 있다고 밝혔다. 아내가 "돈이 그냥 사라지는 것처럼 보인다"고 불평할 때 남편의 손이 테이블 위에서 사라졌다. 나는 그의 손이 천천히 무릎에 놓일 때까지 그가 손을 거둬들이는 과정을 목격했다. 이런 식의 거리 두기는 심리전을 나타내는 단서로 보통 위협을 느낄 때 발생한다.

그 행동은 남편이 뭔가를 숨기고 있음을 암시했다. 나중에 알게 됐지만 그는 도박을 하면서 부부의 공동계좌에서 돈을 조금씩 빼냈고, 그 일로 결국 결혼 생활은 파탄에 이르고 말았다. 그의 손 거둬들이기는 비록 점진적으로 일어났지만 뭔가 잘못돼 있다는 의심을 받기에 충분했다.

손과 관련해 무엇보다 중요한 관찰은 손이 움직이지 않는 때를 알아차리는 것이다. 손이 설명하거나 강조하기를 중단하는 것은 대개 뇌 활동이 변했음을 알려주는 단서다. 나아가 고양된 각성과 평가의 근거이기도 하다.

우리가 관찰한 대로 손의 움직임이 억제되는 것이 속임수를 의미할 수도 있지만 그렇다고 결코 속단해서는 안 된다. 손이 움직이지 않는 순간에 할 수 있는 유일한 추론은 뇌가 다른 감정이나 사고를 전하고 있다는 것이다. 그러한 변화는 현재 말하고 있는 것에 대한 확신이나 애착의 감소를 반영한다. 정상적인 손 행동에서 이탈하는 것은 어떤 행위든(움직임의 증가나 감소 같은 일상적이지 않은 행위) 그 중요성을 반드시 고려해야 한다.

감정은 손으로 전달된다

대부분의 사람은 주로 얼굴에 신경 쓰느라 손이 제공하는 정보를 충분히 활용하지 못한다. 민감한 손은 주변 세상을 직접 경험할 뿐 아니라 세상에 대한 반응을 반영한다. 대출 승인 여부를 궁금해하며 양쪽 손가락을 엇갈리게 잡고(기도하듯) 손을 앞에 놓은 채 은행 직원 앞에 앉아 있는 것은 긴장과 불안의 반영이다. 비즈니스 회의에서 첨탑 모양을 한 손은 다른 사람에게 확신이 있음을 알린다. 손은 과거에 자신을 배반한 사람이 언급될 때 떨릴 수 있다. 이렇듯 손과 손가락은 많은 의미심장한 정보를 제공한다.

따라서 그런 행동은 반드시 관찰하고 정확히 해석할 필요가 있다. 한 번의 접촉으로 상대가 자신에 대해 어떻게 느끼는지 알 수 있다. 손은 정서를 나타내 보여주는 강력한 전달자다. 비언어 커뮤니케이션에서 손을 사용하고 다른 사람의 정보를 알아내는 데 그것을 활용하라.

PART 6

다리, 진실과 거짓이 밝혀지는 곳

사람의 몸 가운데 가장 정직한 부분이 어디일까? 사람의 진실한 의도를 가장 잘 드러내는 곳, 그래서 그가 생각하는 것을 정확히 반영하는 비언어 신호를 볼 수 있는 곳은 바로 발이다. 연인들의 떨리는 다리 접촉, 낯선 사람 앞에 선 소녀의 수줍은 발, 기대가 무너진 아버지의 초조해하는 발걸음…… 발은 다리와 함께 '정직상'을 받아야 하는 대표적인 신체 부위다. 이제부터 다른 사람의 발과 다리의 행동을 통해 그의 감정과 의도를 어떻게 파악할 수 있는지 알아보자. 다리 아래를 직접 볼 수 없을지라도 테이블 아래에서 어떤 일이 일어나고 있는지 알아내는 데 도움이 되는 신호도 살펴보자. 발이 왜 사람들의 진실한 감정과 의도를 보여주는 좋은 척도인지 더욱 잘 이해할 수 있을 것이다.

발과 다리는 수백만 년간 인간의 주된 이동 수단이었다. 발과 다리를 이용해 작전을 행하고 도망치고, 그리고 생존했다. 인간이 아프리카 초원을 직립보행하기 시작한 이후로 발은 전 세계를 누비고 다녔다. 발이 행하는 걷기, 방향 바꾸기, 뛰기, 돌기, 균형 잡기, 차기, 올라가기, 장난치기, 잡기, 쓰기 등은 모두 경이로운 공학기술이라고 할 수 있다. 물론 어떤 일에서는 손만큼 능률적이지 않지만 레오나르도 다빈치의 말처럼 발의 움직임은 더없이 훌륭한 공학의 증거다.

영국의 동물학자이자 인류학자인 데스몬드 모리스Desmond Morris는 발이 몸의 다른 어떤 부분보다 더 정직하게 생각과 느낌을 전달한다는 것을 발견했다. 발과 다리가 감정을 정확히 반영하는 이유는 무엇일까?

인간의 언어가 등장하기 오래전부터 다리와 발은 수백 년간 환경적인 위협에 즉각 반응했다. 이를테면 뜨거운 모래, 구불구불 기어 다니는 뱀, 성질 고약한 사자 등에 민감하게 반응했던 것이다. 변연계 뇌는 필요할 경우 멈추기나 도망치기 또는 차기 등으로 발과 다리가 반응하도록 했다. 이러한 생존법은 인간에게 커다란 도움이 됐고 오늘날에도 계속 그 방법이 사용되고 있다.

오랜 세월을 거친 이러한 반응은 인간의 몸 안에 그대로 내장돼 있고, 위험하거나 마음에 들지 않는 상대를 만나면 여전히 선사시대와 마찬가지로 반응한다. 먼저 정지하고 거리를 두려고 하며 대안이 없을 경우에는 싸우고 걷어찰 준비를 한다. 정지와 도망 및 투쟁 메커니즘은 고차원의 인지 과정을 필요로 하지 않는다.

이 중요한 진화적 발달은 집단과 개인 모두에게 도움이 됐다. 인간은 같은 위협을 동시에 보고 반응하고 다른 사람이 경계하는 행동에 적절히 행동함으로써 생존해왔다. 집단이 위협을 받을 때 그 위험을 모두 보았든 보지 않았든 그들은 서로의 움직임에 주의를 기울임으로써 동시에 반응할 수 있었다.

순찰 근무에 나선 군인들은 선봉장에게 주의를 집중한다. 선봉장이 멈추면 나머지 군인들도 정지한다. 그가 돌진하면 군인들도 따라가고 매복 장소를 바꾸면 그에 반응한다. 이러한 집단행동은 500만 년간 거의 변하지 않았다.

비언어로 의사소통하는 능력은 생존을 보장해왔고, 선사시대와 달리 옷과 신발로 감싸여 있는데도 다리와 발은 여전히 반응한다. 위협과 스트레스 요인은 물론 부정적·긍정적인 감정 모두에 대해서 말이다. 다리와 발은 인간이 감지하고 생각하고 느끼는 것에 대한 정보를 내보낸다.

오늘날의 춤추기와 뛰기는 수백만 년 전의 사람들이 사냥을 성공적으로 끝낸 후에 보이던 축하 행동의 연장이다. 제자리에서 높이 뛰는 마사이 전사들이나 흥분에 겨워해 춤을 추는 전 세계의 커플들을 보라. 그들의 발과 다리는 행복을 말한다. 스포츠 경기를 지켜보면서 자기 팀을 응원할 때도 사람들은 발을 구르며 함성을 지른다.

발이 드러내는 감정의 증거는 일상생활에도 풍부하게 나타난다. 예를 들어 밥을 먹기 위해 식탁에 앉아 있는 어린이의 발을 세심히 관찰해보라. 아직 밥을 덜 먹었는데 밖에 나가 놀고 싶을 때 아이의 발은 어떻게 움직일까? 분명 아이의 발은 식탁에서 조금씩 멀어져 갈 것이다. 비록 몸은 애정 어린 부모에게 잡혀 있을지라도 발과 다리는 자신의 마음을 보여주듯 문 쪽으로 더욱 다가간다. 이것이 의도 단서다. 어른의 경우 이 변연계 표출을 애써 자제하지만, 그래도 완전히 숨길 수는 없다.

얼굴보다 더 정직한 다리

얼굴은 진실한 감정을 가장 자주 숨기고 속이는 신체의 한 부분이다. 그런데도 사람들은 신체언어를 읽을 때 대개 얼굴부터 시작해 아래로 내려오며 관찰한다. 내 접근법은 그와 완전히 정반대다. 나는 FBI에서 수천 건의 수사를 진행하는 동안 먼저 용의자의 발과 다리에 주의를 집중해야 한다는 것을 배웠다. 아래에서 위쪽으로 올라갈수록, 즉 발에서 머리로 이동할수록 진실성이 감소한다.

그런데 안타깝게도 지난 60년간의 법 집행 문헌은 수사할 때나 사람의 마음을 읽으려 할 때 얼굴에 집중할 것을 강조해왔다. 더구나 대화를 할 때는 보통 책상이나 탁자를 가운데 두기 때문에 발과 다리를 읽을 수 없는 상황이 연출되는 경우가 많다.

표정에서 진실한 감정을 읽기 어려운 이유는 무엇일까? 보통 사람들은 어릴 때부터 마음과 상관없이 표정을 관리하도록 교육받는다. 앞에 놓인 음식에 대해 아이들이 정직하게 반응할 때 부모들은 화를 내며 "그런 표정 짓지 마"라고 말한다. 또한 부모는 "사촌들이 오면 적어도 겉으로는 기쁜 척해야 한다"고 가르치고 아이는 억지로 미소를 짓는다.

부모와 사회는 본질적으로 사회적 조화를 위해 아이에게 표정을 관리해 숨기고 속이고 거짓말하라고 가르친다. 따라서 사람들이 능숙하게 표정을 관리하는 것은 그리 놀라운 일이 아니다.

사실은 친척들이 빨리 가기를 바라면서도 그들과 함께해서 정말 행복하다는 듯한 표정을 얼마든지 지을 수 있다. 만약 표정을 통제할 수 없다면 왜 포커페이스(속마음을 드러내지 않고 무표정하거나 마음의 동요를 나타내지 않는 얼굴)라는 말이 생겼겠는가?

그러나 대부분의 사람들은 다른 사람의 다리에 주목하는 경우가 거의 없다. 신경질, 스트레스, 두려움, 걱정, 조심, 지루함, 들뜸, 행복, 기쁨, 아픔, 수줍음, 부끄러움, 겸손, 어색함, 확신, 굴종, 우울, 무기력, 쾌활, 호색, 그리고 분노는 모두 발과 다리를 통해 나타날 수 있다. 연인들의 떨리는 다리 접촉, 낯선 사람 앞에 선 소녀의 수줍은 발, 기대가 무너진 아버지의 초조해하는 발걸음 등은 모두 감정 상태에 대한 신호를 내보내고 그것은 실시간으로 관찰할 수 있다.

만약 주위 사람들의 행동을 정확하게 해석하고 싶다면 발과 다리를 관찰하라. 발과 다리는 놀랍도록 정직하게 비언어 정보를 전달한다.

갬블러의 완벽한 포커페이스, 그러나 다리는 말하고 있다

행복을 느끼면 그 기쁨의 표현으로 발을 흔들거나 펄쩍 뛴다. 특히 뭔가 의미심장한 것을 듣거나 본 뒤에 이런 일이 일어난다면 그 소식이 발에 긍정적 영향을 미쳤음을 의미한다. 사람들은 원하는 것을 갖게 되리라 확신할 때, 또는 다른 사람이나 환경으로부터 어떤 가치 있는 것을 얻을 수 있는 유리한 입장에 놓였을 때 그 기쁨을 '행복한 발'로 표현한다. 특히 오랫동안 떨어져 있던 연인은 공항에서 재회할 때 행복한 발을 보여준다.

얼마 전 텔레비전에서 포커선수권 대회를 보던 나는 한 선수의 다리가 테이블 아래에서 제멋대로 움직이는 것을 보았다. 그의 다리는 마치 디즈니랜드에 놀러가는 어린이의 기쁨에 들뜬 다리처럼 상하좌우로 움직이고 있었다. 테이블 위의 태도는 침착하고 표정도 냉정했지만 그 아래에서는 난리가 났던 것이다. 나는 마음속으로 다른 선수들에게 어서 손을 털고 게임을 포기하라고 재촉했다. 그들에게 직접 조언할 수 없어 안타까울 뿐이었다. 결국 두 선수가 판돈을 불렀고 그들은 모두 돈을 잃었다.

냉정한 표정으로 돈을 쓸어 담은 그 선수는 최고의 포커페이스를 보여줬다. 하지만 분명 최고의 포커피트poker feet는 아니었다. 다행스럽게도 그의 상대 선수들이 보통 사람들과 마찬가지로 가슴 아래를 무시하면서 거기서 발견할 수 있는 중요한 비언어 행동에 전혀 주의를 기울이지 않았다.

포커게임을 하는 방뿐 아니라 회의실과 중역실을 비롯한 그 어디에서든 행복한 발을 볼 수 있다. 언젠가 공항에서 옆에 앉은 젊은 여성이 휴대전화로 가족과 통화하는 것을 듣게 되었다. 처음에 그녀의 발은 바닥에 닿아 있었지만 아들이 전화를 받자 발이 아래위로 힘차게 움직였다. 나는 그녀가 아들에 대해 어떻게 생각하는지, 그녀의 삶에서 아들이 얼마나 큰 비중을 차지하는지 들을 필요가 없었다. 그녀의 발이 나에게 큰소리로 말해주었기 때문이다. 카드놀이든 비즈니스든, 아니면 단순히 친구들과 대화를 하든 '행복한 발'은 뇌가 진심으로 "나는 아주 행복하다"고 소리쳐 말하는 가장 정직한 방식이다.

행복한 발을 발견하기 위해 테이블 아래를 볼 필요는 없다. 그냥 셔츠나 어깨를 보라. 만약 발이 좌우 또는 상하로 흔들리고 있다면 셔츠나 어깨도 진동하거나 아래위로 움직이고 있을 것이다. 이러한 움직임은 좀 미묘하긴 해도 주의 깊게 관찰하다 보면 눈에 띄게 마련이다.

그 움직임이 궁금하다면 먼저 해보라. 전신거울 앞에 의자를 놓고 앉아 다리를 상하좌우로 움직여보라. 다리를 움직이면 셔츠나 어깨도 움직인다는 것을 알 수 있을 것이다. 물론 다른 사람과 함께 있는 동안 이러한 신호를 보기 위해 테이블 위를 주의 깊게 관찰하지 않으면 그것을 놓칠 수도 있다. 하지만 시간과 노력을 투자해 주의를 집중하면 그런 움직임을 발견할 수 있다. 발의 비언어 신호가 무엇을 의미하는지 파악하려면 발을 주목한 다음 어떤 갑작스런 변화가 생기는지 관찰해야 한다.

대기업 인사 담당 임원으로 일하는 줄리는 내 세미나에 참석한 이후 자신과 타인의 발 행동에 주의를 기울이게 됐다고 말했다. "제가 사원들 중에서 해외 파견자를 선발하게 됐는데요, 한 후보자에게 외국 근무를 희망하는지 물었을 때 그녀는 행복하게 발을 구르며 '예'라고 대답했습니다. 그런데 근무지가 인도 뭄바이라고 하자 그녀의 발은 갑자기 움직임을 멈췄습니다. 그 비언어 행동을 보고 그녀에게 왜 그곳에 가길 원치 않는지 묻자 그녀는 깜짝 놀라더군요. '어떻게 아셨어요? 저는 아무 말도 하지 않았는데요.' 저는 근무지를 말했을 때 그녀가 기뻐하지 않음을 감지할 수 있었다고 말했습니다. 그녀는 자기 감정을 인정했습니다. '맞아요. 저는 홍콩일 거라고 생각했어요. 거기에 친구가 몇 명 있거든요.' 그녀는 인도로 가길 원치 않았고 발이 그 감정을 고스란히 보여준 것입니다."

발의 움직임을 관찰할 때는 두 가지 사항에 주의해야 한다.

첫째, 다른 비언어 신호와 마찬가지로 행복한 발도 진정한 마음을 표현한 것인지, 아니면 과도한 신경성 행동인지 구분해야 한다. 예컨대 어떤 사람이 선천적 신경과민이라면 쉼 없이 다리를 움직이는 증상을 정상적인 신경 에너지로부터 나온 행복한 발과 구분하는 것이 어려울 수 있다. 그러나 만약 그런 사람이 어떤 중요한 것을 듣거나 목격한 직후에 다리 흔들기의 속도 또는 강도가 증가하면, 나는 그가 현재 상황을 더 확신하거나 만족스럽게 느낀다는 신호로 간주한다.

둘째, 발과 다리의 움직임은 단순히 조바심으로 나타나기도 한다. 조바심이 나거나 일이 빨리 진전되길 바랄 때 발은 자주 흔들리거나 움직인다. 학생들로 가득 찬 교실을 관찰해보라. 그들의 발과 다리가 얼마나 자주 움직이고 흔들리고 이동하고 발길

질을 하는지 주시하라. 이러한 행동은 보통 수업을 마칠 시간이 가까워질수록 증가한다. 이는 조바심과 일의 진행에 속도를 높이고 싶은 욕구를 드러내는 표시다. 내 강연에서도 이런 행동은 종료 시간이 다가올 때 최고조에 이른다.

상대방이 불편해하는 것을 어떻게 알아챌까?

인간은 자신이 좋아하는 것을 향해 방향을 돌리는 경향이 있다. 이 정보는 다른 사람이 당신을 만나 기쁜지, 아니면 당신이 그들을 두고 떠나기를 원하는지 알게 해준다. 대화하고 있는 두 사람을 향해 당신이 다가가는 경우를 생각해보라. 그들을 알고 있는 당신은 그들의 대화에 끼어들고 싶어 다가가면서 "안녕하세요?"라고 말한다.

이때 그들이 당신과의 대화를 환영하는지 알 수 없다면 어떻게 해야 할까? 그들의 발과 몸의 움직임을 관찰하라. 만약 그들의 발이 몸과 함께 당신을 받아들이면 진심으로 환영하는 것이다. 하지만 그들이 발을 움직이지 않고 인사하기 위해 엉덩이만 약간 돌린다면 당신이 끼어드는 걸 원치 않는다는 의미다.

사람은 좋아하지 않거나 자신과 맞지 않는 것을 피해 돌아서는 경향이 있다. 법정에서의 행동을 조사한 한 연구에서는, 배심원들이 증인을 좋아하지 않을 경우 발을 가장 가까운 출구 쪽을 향해 돌린다는 것이 밝혀졌다. 이때 배심원들은 허리 위로는 증인을 향해 정중하게 대하지만 발은 복도나 자기 방으로 통하는 문 쪽으로 돌린다.

이러한 경향은 일반적인 인간관계에서도 나타난다. 대화가 못마땅하면 엉덩이 위쪽으로는 상대를 바라보지만 발은 방향을 틀어 가까운 출구를 향한다. 누군가가 발의 방향을 바꾸면 지금 있는 곳으로부터 거리를 두고자 하는 이탈 신호로 봐야 한다.

대화 도중에 상대방이 점점 또는 갑자기 발을 멀리 두는 이유는 무엇일까? 대화 도중에 상대의 한쪽 발이 바깥쪽을 향해 약간 돌아간다면 그가 그 방향으로 떠나고 싶어 한다는 신호다. 이것은 의도를 읽을 수 있는 단서다. 때로 그것은 약속에 늦어 가야 할 때라는 신호다. 또 더 이상 당신과 함께 있고 싶지 않다는 신호가 되기도 한다. 당신이 어떤 불쾌한 말을 했거나 성가신 행동을 했을지도 모른다. 발을 옮기는 행동은 그가 떠나고 싶어 한다는 신호다. 그 사람은 왜 떠나고 싶어 할까? 그 이유를 찾는 것은 당신의 몫이다.

두 사람이 대화할 때 보통은 발가락이 마주 보고 있다. 만약 한 사람이 발을 약간 밖으로 돌리거나 한 발을 반복적으로 바깥을 향해 움직이면(한 발은 당신을 향하고 다른 발은 당신에게서 떨어져 있는 L자 형태), 그만 일어서고 싶다거나 다른 곳으로 가고 싶다는 의미로 받아들여도 좋다. 그 사람의 몸이 당신을 향하고 있을지라도 발은 도망가고 싶은 변연계 뇌의 욕구나 욕망을 정직하게 반영한다.

최근에 한 고객과 거의 다섯 시간이나 대화한 적이 있다. 저녁이 되어 헤어지려고 할 때 우리는 그날 다룬 내용을 짚어봤다. 그때 나는 고객의 한쪽 다리가 몸과 직각을 이루고 있음을 보고 떠나고 싶어 한다는 것을 알아챘다. 나는 "이제 가보셔야죠"라고 말했고 그는 "예"라고 순순히 대답했다. "실례가 될지도 모르지만

#65
대화 도중 상대의 한쪽 발이
바깥쪽을 향하고 있다면
그가 그 방향으로
떠나고 싶어 한다는 신호다.

런던에 전화를 해야 하는데 시간이 5분밖에 남지 않았거든요."

그의 다리는 정직한 신호를 보냈고 덕분에 나는 큰 실례를 범할 수도 있는 상황에서 벗어났다.

현재 위치에서 떠나고 싶어 하는 다리의 의도된 신호는 다른 형태로 나타나기도 한다. 만약 상대방이 양손을 두 무릎 위에 얹어 무릎을 감싸 쥐고 있다면 여기에 주목해야 한다. 이 자세는 떠

#66
무릎을 손바닥으로 감싸 쥐고
발 쪽으로 몸의 무게를 옮기는
것은 떠나고 싶어 한다는 단서다.

날 준비가 되어 있다는 명확한 신호다. 대개는 양손을 무릎 위에 얹고 몸통을 약간 앞으로 기울이거나 몸의 아랫부분을 의자 가장자리로 옮기는 데, 두 가지 모두 의도를 보여주는 신호다.

상대방이 이러한 행동을 보일 때, 특히 그가 상급자일 때는 서둘러 대화를 마무리해야 한다는 것을 의미한다. 꾸물대지 마라.

기쁠 때 다리도 함께 들뜬다

행복감과 기쁨에 들떠 있을 때는 마치 공중을 걷는 듯한 느낌이 든다. 이제 막 놀이공원에 들어가려는 아이들이나 함께하는 즐거움에 푹 빠진 연인들을 보라. 기쁨에 들뜬 사람에게 중력은 어떠한 한계도 없는 것처럼 보인다. 이처럼 중력에 맞서는 행동은 주위에서 흔히 볼 수 있지만 이를 주의 깊게 관찰하는 사람은 드물다.

인간은 행복감이나 기쁨으로 마음이 들떠 있을 때 발뒤축을 땅에서 뗀 채 아래위로 흔들거나 약간 뛰듯이 걸음으로써 중력에 저항한다. 이것은 변연계 뇌가 비언어 행동으로 마음을 표현하는 것이다.

최근에 나는 휴대전화로 통화하는 낯선 사람의 행동에서 이러한 신호를 발견했다. 바닥에 평평하게 있던 그의 왼쪽 발은 상대방의 말을 들으면서 점점 위치가 바뀌었다. 발뒤축은 바닥에 붙어 있었지만 구두의 나머지 부분은 위로 올라가 발가락이 하늘을 향하고 있었다.

보통 사람은 그러한 행동을 간과하거나 경시하고 만다. 하지만 훈련된 관찰자는 그런 행동을 발견한 즉시 그가 뭔가 긍정적인 얘기를 들었을 거라고 해석한다. 실제로 내가 본 그 남자는 비언어 신호에 이어 "정말? 그거 대단한데!"라고 말했다.

가만히 서 있을 때도 말하는 사람은 자기주장을 강조하기 위

#67
발가락이 위쪽을 향하면 대개
기분이 좋거나 어떤 긍정적인 생각을 하고
있거나 좋은 얘기를 듣고 있음을 의미한다.

해 몸을 위로 올리는 행동을 한다. 때론 반복적으로 그렇게 하기도 하는데 이런 행동은 무의식적인 행동이자 정직한 단서다. 이야기와 결부된 진정한 감정의 표현인 것이다. 좋아하는 노래의 박자와 빠르기에 따라 발을 움직이는 것처럼 이야기의 내용에 맞춰 그 감정 표현으로 발과 다리를 움직인다는 얘기다.

흥미롭게도 이러한 행동은 병적 우울증을 앓고 있는 사람에게는 잘 보이지 않는다. 몸은 감정 상태를 정확히 반영한다. 따라서 사람들의 마음이 들떠 있을 때는 중력에 맞서는 행동을 더 많이 볼 수 있다.

혹시 거짓으로 중력에 맞서는 행동을 할 수 있을까? 나는 그럴 수 있다고 생각한다. 특히 뛰어난 배우와 상습적인 거짓말쟁이라면 충분히 가능하다. 그러나 보통사람은 변연계 행동을 어떻게 통제해야 하는지 잘 모른다.

사람들이 자신의 변연계 반응이나 중력에 맞서는 행동을 통제하려 할 때, 그것은 대개 부자연스럽게 보인다. 예를 들어 거짓으로 팔을 위로 들면서 반기는 인사는 마음에 없는 행동이라는 것이 금방 들통 난다. 팔을 오래 올리고 있지도 않거니와 팔꿈치가 보통 구부러져 있기 때문이다. 이런 행동은 부자연스러움의 모든 특징을 보여준다.

한편 '출발자 자세'는 중력에 맞서는 행동의 한 유형으로 눈치 빠른 관찰자에게 유익할 수 있다. 출발자 자세란 발을 바닥에 평평하게 두고 있다가 움직일 준비를 하는 것을 말한다. 이런 행

#68
발이 바닥에 평평하게 있다가
출발자 자세로 바뀌는 것은 이 자리를
떠나고 싶어 한다는 의미다.

동은 의도 단서로 발의 움직임을 필요로 하는 무엇을 하기 위해 준비한다는 것을 보여준다.

이러한 행동을 통해 당신은 상대방이 당신과 더 깊이 관계를 맺고 싶어 하는지, 정말로 관심이 있는지, 아니면 떠나길 원하는지 파악할 수 있다. 일단 그가 뭔가를 할 작정이라는 것을 알게 되었다면 당시의 상황과 그 사람에 대한 정보를 통해 정확한 판단을 내려야 한다.

교도관이 서 있는 모습만으로 권위를 보이는 방법

가장 쉽게 눈에 띄고 해석하기도 어렵지 않은 다리 벌리기는 일종의 영역 표현이다. 인간을 비롯해 대부분의 포유류는 스트레스를 받거나 화가 났을 때, 위협을 받고 있을 때, 아니면 반대로 위협을 가할 때 자기 영역을 확보하려 한다. 각각의 경우 사람들은 다리를 벌려 상황이나 영역에 대한 통제권을 재수립하려 애쓴다는 것을 암시한다.

특히 임무수행에 익숙한 경관과 군인은 이런 행동을 자주 보인다. 때로 더 많은 영역을 주장하기 위한 무의식적인 시도에서 동료보다 더 넓게 벌리려 애쓰다 몸을 통제하기 힘든 지경까지 이르기도 한다.

대치 상황에서 사람들은 균형을 잡기 위해 발과 다리를 바깥쪽으로 벌릴 뿐만 아니라 더 많은 영역을 주장하기 위해 그렇게 하려는 경향이 있다. 이는 최소한 진행 중인 쟁점이 있거나 실제로 분쟁이 일어날 가능성이 있다는 강한 메시지를 내보낸다. 물론 두 사람의 의견이 서로 대립한다고 해서 그들의 다리가 엉켜 균형을 잃게 되는 것은 아니다. 그런 일이 일어나도록 할 만큼 변연계 뇌가 단순하지는 않다.

만약 어떤 사람이 두 발을 붙이고 서 있다가 두 다리가 점점 떨어진다면 그의 마음이 점점 '불만족' 쪽으로 돌아서고 있음을 확신해도 좋다. 이 자세는 "뭔가가 잘못됐고 나는 그것에 이의를 제기할 준비가 돼 있다"고 분명하게 말하는 것이나 다름없다.

다리를 벌렸을 경우 상대방이 불쑥 화를 낼 가능성도 있다. 따라서 이런 비언어 행동을 하거나 관찰하는 사람들은 곧이어 발생할 수 있는 문제에 대비해야 한다. 사람들은 종종 논쟁이 확대될 때 다리를 더 벌리기 때문에 나는 법을 집행하는 경관뿐 아니라 기업의 임원들에게도 대립을 피하는 한 방법으로 영역과 관련된 행동을 삼가라고 말한다. 만약 의견 대립이 일어나고 있을 때 자신이 다리를 벌리고 있음을 인식한다면 즉시 다리를 모아라. 그런 행동은 격앙된 대립을 완화시키고 긴장을 감소시킨다.

몇 년 전 세미나에 참석한 한 여성이 언쟁하는 동안 남편이 현관에 다리를 벌리고 서서 자신을 위협했던 경험을 들려줬다. 다리를 벌리고 서서 출구를 가로막는 것은 본능적으로는 물론 시각적으로도 두려움을 안겨주는 위협이 될 수 있다. 따라서 이런 행동을 결코 가볍게 취급하면 안 된다. 예를 들어 정신질환자나 반사회적인 사람들은 다리를 벌리는 행동을 응시 행동과 함께 이용한다. 어디에서든 이런 사람과 마주칠 수 있으므로 자신의 자세와 태도를 인식하고 있어야 한다. 한번은 교도관에게 "교도소 안에서는 모든 것이 자세와 관련돼 있습니다. 내가 어떻게 서 있는지, 어떻게 보이는지가 중요하죠. 한순간도 약하게 보여서는 안 됩니다"라는 말을 들은 적이 있다.

물론 다리를 벌리는 행동이 긍정적 이유로 권위를 세우고 상대방을 통제하는 데 활용되는 경우도 있다. 나는 여성 경관들에게 직무상 다루기 힘든 군중 앞에서 공격적인 자세를 보여주기 위해 다리 벌리기를 이용하도록 지도했다. 다리를 붙이고 서는 것은 복종의 자세로 인식되기 때문에 적이 될 수도 있는 사람들에게 잘못된 신호가 전달되기도 한다.

두 발 사이를 떼어놓으면 "내가 책임자다"라는 권위의식이 잘 드러나므로 다루기 힘든 사람들을 통제할 때 효과적이다. 예컨대 10대 아들에게 영역 표현을 함으로써 목소리를 높이지 않고도 흡연에 대해 당신이 어떻게 생각하는지 강조할 수 있다.

왜 인간은 더 넓은 공간을 원하는가

다리 벌리기와 영역 표현을 논할 때 우리는 인간과 다른 동물이 공간을 어떻게 사용하는지 연구한 에드워드 홀의 업적을 인정해야 한다. 그는 비언어적 의사소통에 관한 연구에 집중해왔는데 세력권 의식territorial imperative, 이른바 텃세를 연구함으로써 프록세믹스(proxemics, 근접학)라고 부른 '공간에 대한 인간의 욕구'를 정의했다.

홀은 사회경제적 또는 위계적으로 더 유리한 위치에 있을수록 보다 많은 영역을 요구한다는 사실을 발견했다. 또한 일상적인 활동에서 더 많은 공간을 차지하는 사람은 자신감과 자부심이 강해 더 높은 지위를 차지하기 쉽다는 것도 알아냈다. 이러한 현상은 인류의 역사나 대부분의 문화에서 증명돼온 것이다.

오늘날 CEO나 대통령, 고위직 인사 등은 더 넓은 공간을 주장할 수 있지만 나머지 평범한 사람들은 그렇게 하는 것이 쉽지 않다. 그래도 보통 사람들은 크기에 상관없이 자신의 개인 공간에 대해 상당히 방어적이다. 누군가가 너무 가까이 다가서면 불쾌감 또는 불안감을 느낀다.

에드워드 홀은 인간에게 개인적·문화적 요소에 기원을 둔 '공간에 대한 욕구'가 있다는 것을 발견했다. 누군가가 그 공간을 침범할 경우 스트레스를 나타내는 강력한 변연계 반응을 보인다.

특히 개인 공간을 침범하면 경계심이 발동해 맥박이 급상승하고 얼굴이 빨개지기도 한다. 복잡한 엘리베이터 안에 있는 동안 또는 현금지급기에서 입출금을 하는 동안 누군가가 너무 가까이 다가왔을 때 어떤 느낌이 드는지 생각해보라. 다음번에 누군가가 너무 가까이 서 있거나 자신이 누군가의 공간을 침범했을 때 어떤 변연계 반응이 발생하는지 주의 깊게 살펴보라.

편안함을 느낄 때 다리는 X자 모양이 된다

발과 다리를 주의 깊게 관찰하면 누군가와 함께 있을 때 자신이나 상대방이 얼마나 편안하게 느끼는지 판단할 수 있다. 다리를 교차하는 것은 함께 있는 사람에 대해 얼마나 편안하게 느끼는가를 잘 보여준다. 편안함이 느껴지면 보통 다리를 교차한다.

이때 갑자기 좋아하지 않는 사람이 나타나면 교차하고 있던 다리를 풀게 된다. 불편함을 느끼면 다리를 교차하는 행동을 하기 어렵기 때문이다. 또한 확신할 경우, 설사 다른 사람이 있을지라도 다리를 교차한다. 자신감이 있으면 대개 편안함을 느낀다.

그러면 이처럼 정직하게 표현되는 다리 행동을 좀 더 고찰해보자.

서 있는 동안 다른 사람 앞에서 한쪽 다리를 교차할 경우에는 약간 균형을 잃게 되는데, 이때 진짜 위협이 발생하면 쉽게 정지

#69
편안함이 느껴지면 보통 다리를 교차한다.
이때 갑자기 좋아하지 않는 사람이 나타나면
교차하고 있던 다리를 풀게 된다.

할 수도 도망갈 수도 없다. 이 자세에서는 한쪽 다리로 몸의 균형을 잡고 있기 때문이다. 이러한 이유로 변연계 뇌는 정말로 편안할 때, 자신감을 느낄 때만 이런 자세를 취하게 한다.

예를 들어 엘리베이터 안에서 다리를 교차하고 있던 사람도 층이 바뀌어 낯선 사람이 타면 즉시 다리를 풀고 양쪽 발을 바닥에 굳건히 놓는다. 이는 변연계 뇌가 "지금 도망가야 할 잠재적 위협이나 문제가 발생할지도 모르니까 두 발을 바닥에 굳건히

#70
두 사람이 이야기를 나누면서 각자
다리를 교차하고 있는 것은 서로에 대해
아주 편안하게 느끼고 있다는 표시다.

뇌!"하고 명령하기 때문이다.

만약 두 사람이 이야기를 나누면서 각자 다리를 교차하고 있다면 서로에 대해 아주 편안하게 느끼고 있다는 표시다. 다리를 교차하는 것 자체가 이미 편안함을 드러내며, 여기에다 두 사람의 행동에서 미러링(Mirroring: 상대방의 행동을 거울 속에 비친 모습처럼 따라함으로써 동질감을 느끼는 것)이 나타나고 있기 때문이다.

다리 교차하기 행동은 대인관계에서 상대방에게 "당신과 함께 있어서 마음이 편안하다"는 것을 알릴 때 이용할 수 있다. 최근에 나는 플로리다주 코럴게이블스의 한 파티에서 60대 초반의 두 여성과 인사를 나눈 적이 있다. 인사를 하는 동안 한 여성이 갑자기 다리를 교차해 한쪽 다리로 중심을 옮기면서 그녀의 친구 쪽으로 몸을 기울였다.

"두 분은 서로 알고 지낸 지가 꽤 오래되었군요."

내가 한마디 하자 그녀는 표정이 환해지면서 그것을 어떻게 아는지 물었다.

"다리를 교차한다는 것은 상대방에 대해 편안함을 느낀다는 표시지요. 비록 저는 두 분을 처음 만나지만 이쪽 분이 저쪽 분을 신뢰하고 좋아하지 않는다면 다리를 교차할 리가 없습니다."

두 사람은 웃으면서 굉장한 호기심을 보였다.

"당신은 마음도 읽을 수 있나요?"

"아닙니다."

얘기를 나눠보니 두 여성은 1940년대에 쿠바에서 초등학교를 함께 다닌 이후로 서로 알고 지내왔다고 했다.

대부분의 사람들은 자신이 가장 좋아하는 사람 앞에서 무의식적으로 다리를 교차한다. 사실 다리 교차하기는 자신이 좋아하는 사람 쪽으로 몸을 기울일 수 있는 방법이다. 이 점을 염두에 두면 가족 모임에서 흥미로운 사실을 발견할 수 있다. 자식을 여럿 둔 부모는 자신이 더 좋아하는 아이 쪽으로 몸이 기울도록 다리를 교차함으로써 다른 아이보다 그 아이를 더 좋아한다는 것을 드러낸다.

범죄자의 경우 나쁜 일을 꾸밀 때 경찰차가 지나가는 것을 보면 태연한 척하면서 다리를 교차해 벽 쪽으로 몸을 기울이는 경향이 있다. 이러한 행동은 대개 장시간 지속되지 않는다. 경험이 풍부한 경찰관은 그들이 아무 일도 없는 듯 가장하고 있음을 즉각 알아차리지만 초보 경찰관은 무심하게 넘어갈 우려가 있다.

사랑에 빠졌을 때 다리는 어떻게 달라질까?

누군가를 만났을 때 마음이 편안하면 발과 다리는 상대방의 발과 다리를 거울처럼 반영하며 표정에서도 그 느낌이 그대로 나타난다. 이것은 우리 두뇌에 거울뉴런 시스템이라는 것이 있어 다른 사람의 행동이 나의 거울뉴런을 통해 공감하고 이해할 수 있는 것이다. 특히 연애를 할 때 편안함이 최고조로 느껴지면 미묘한 발 접촉이나 쓰다듬기를 통해 상대방을 끌어들이기도 한다.

한번은 방송사에서 일하는 고객에게 비언어 커뮤니케이션을 가르치기 위해 로스앤젤레스에 간 적이 있다. 우리는 식사를 하기 위해 멕시코 레스토랑으로 갔는데 내 고객은 가까운 테이블에 앉은 커플을 가리키며 말했다.

"저 두 사람의 행동을 비언어로 해석해주실래요?"

처음에 두 사람은 서로를 향해 몸을 기울이고 있었지만 대화가 진행되면서 서로에게 멀어지듯 말도 많이 하지 않았고 몸도 의자 쪽으로 기울었다. 내 고객은 두 사람 사이가 안 좋은 쪽으로 변하고 있다고 생각했다.

"단순히 테이블 위쪽만 보지 마세요. 테이블 아래쪽도 봐야 합니다. 그들의 발이 서로에게 얼마나 가까운지 주목하세요."

우리는 이따금 두 사람의 발이 서로 닿고 스치고 있고 어느 한 사람의 발도 뒤로 물러나지 않는 것을 보았다. 그 커플이 떠나려고 일어섰을 때 남성은 여성의 허리에 팔을 둘렀고 두 사람은 별말 없이 레스토랑에서 나갔다. 말은 없었지만 비언어는 그들의 마음을 모두 보여주었다.

혹시 테이블 아래나 수영장에서 사람들이 왜 그렇게 다리 접촉을 하고 발장난을 하는지 생각해본 적이 있는가? 그것은 두 가지 현상과 관련이 있다. 첫째, 신체의 일부분이 테이블 아래나 물속(또는 이불 밑)으로 들어가 시야에서 벗어나면 마음에서도 사라진 것처럼 여겨진다. 최소한 관찰 영역에서 벗어난다. 심지어 어떤 사람은 공중 수영장이 마치 자신의 안방인 것처럼 행동해 주위의 눈살을 찌푸리게 만들기도 한다.

둘째, 발에는 생식기 감각은 물론 뇌의 한 영역에서 끝나는 경로까지 엄청난 수의 감각수용기가 분포돼 있다. 사람들이 테이블 아래에서 발장난을 하는 이유는 기분이 좋고 성적으로도 자극적이기 때문이다. 반대로 좋아하지 않거나 가깝지 않은 사람과 우연히 발이 닿으면 즉시 발을 뗀다. 관계가 약해지는 커플이 종종 놓치는 분명한 신호는 점점 발 접촉이 줄어든다는 사실이다.

여성의 경우 상대방에게 편안함을 느끼면 종종 자신의 구두를 만지작거리거나 발가락 끝에 구두를 걸고 흔드는 경향이 있다. 이러한 행동은 여성이 갑자기 불편함을 느끼면 재빨리 멈추게 된다. 남성의 경우 여성의 '구두놀이'에 근거해 상황을 판단할 수 있다. 만약 여성에게 다가가자마자(또는 잠시 얘기를 한 후) 상대방 여성의 구두놀이가 중단되고 구두를 제대로 신는다면, 나아가 몸을 살짝 돌리고 자신의 핸드백을 집어든다면 틀림없이 삼진아웃당한 것이다.

설사 발을 접촉하지 않은 상태일지라도 발장난과 구두놀이는 주의를 끈다. 이러한 비언어는 정지반응과 정반대로 "나에게 주목하세요"라고 말하는 것과 같다. 자신이 좋아하거나 원하는 사물 또는 사람에게 가까이 가고자 하는 행동은 본능적으로 일어나며, 싫어하거나 신뢰하지 않는 것에서 멀어지려 하는 것도 마찬가지다.

앉은 상태에서의 다리 교차는 어떨까? 마주보고 앉아 있는 사람들 사이에서는 다리 교차의 방향이 중요하다. 만약 관계가 좋으면 교차한 다리의 가장 윗부분이 상대방 쪽을 향한다. 이때 상대방이 제기하는 주제가 마음에 들지 않으면 다리 위치를 바꿔 장벽이 되게 한다. 차단하는 행동은 변연계 뇌가 우리를 보호하는 중요한 방법이다. 만약 양쪽에 앉은 사람들의 다리 교차 방식이 닮았다면 이는 조화로운 관계를 뜻한다.

71
남성은 오른쪽 다리를 올려
무릎이 자신과 여성 사이에서
장벽 역할을 하도록 했다.

#72
남성은 왼쪽 다리의 무릎을 끌어당겨
자신과 여성 사이의 장벽을 제거했다.

상대방이 호감을 보이는지 판단하려면 악수하고 기다려라

당신은 다른 사람에게 어떤 첫인상을 주는가? 사람들이 처음
부터 당신에게 호감을 보이는가, 아니면 당신에게 어떤 거리감을
느껴 어울리기를 꺼려하는 것 같은가? 그 답을 찾아내는 방법 중
하나는 '악수하고 기다리기' 접근법이다.

발과 다리로 표현되는 행동은 특히 누군가를 처음으로 만날 때 관찰하는 것이 중요하다. 상대방이 당신을 어떻게 생각하는지 잘 보여주는 행동이기 때문이다. 나는 어떤 사람을 처음 만날 때 그 사람 쪽으로 몸을 기울여(적절한 문화적 규범을 따르면서) 마음을 담은 악수를 하며 눈을 맞춘다. 그런 다음 한 걸음 뒤로 물러나 다음에 어떤 일이 일어나는지 본다. 분명 다음의 세 가지 가운데 한 가지 반응이 나타난다.

첫째, 상대방이 그 자리에 그대로 있다. 이는 그 거리에서 상대방이 편안하게 느낀다는 것을 알려준다. 둘째, 상대방이 한 걸음 물러서거나 약간 돌아선다. 이것은 상대방이 더 많은 공간을 필요로 하거나 다른 곳에 있고 싶어 한다는 의미다. 셋째, 상대방이 나에게 한 걸음 더 가까이 온다. 상대가 편안하게 느끼고 나에게 호감이 있다는 것을 의미한다.

이때 나는 상대방의 행동에 대해 어떠한 악의도 품지 않는다. 단지 상대방이 나에 대해 어떻게 느끼는지 알고자 그 기회를 활용할 뿐이다. 발은 신체에서 가장 정직한 부분이다. 만약 상대방이 더 많은 공간을 필요로 한다면 나는 그것을 허락하고, 상대방이 편안해한다면 나는 거리 문제를 어떻게 다뤄야 할지 걱정하지 않는다. 그리고 상대방이 한 걸음 다가오면 나를 편안하게 생각한다고 여긴다.

범죄자의 걸음걸이는 다르다

걸음걸이 유형도 중요한 비언어 단서다. 데스몬드 모리스에 따르면, 과학자들은 약 40가지의 걸음걸이 유형이 있다는 것을 밝혔다. 그것이 너무 많아 보인다면 영화 속에 등장하는 다양한 인물들, 이를테면 찰리 채플린, 존 웨인, 메이 웨스트, 그루초 막스 등의 걸음걸이를 떠올려보라.

영화 속 인물들은 남다른 걸음걸이 유형을 보이고 때론 걸음걸이에 성격까지 드러낸다. 걸음걸이는 그 사람의 태도와 기분을 반영한다. 그는 어떤 목적을 갖고 활기차게 걷거나 얼떨떨한 상태에서 천천히 걸을 수도 있다. 걸음걸이를 표현하는 말은 상당히 많다. 이를테면 한가로이 노닐다, 느릿느릿 걷다, 어슬렁거리다, 터벅터벅 걷다, 뒤뚱거리다, 절뚝거리다, 질질 끌다, 배회하다, 바쁘게 걷다, 당당하게 걷다, 여유롭게 산보하다, 발끝으로 걷다, 뽐내며 걷다 등 매우 다양하다.

걸음걸이 유형을 판단하는 것은 상당히 중요하다. 평소와 다른 걸음걸이는 생각과 감정의 변화를 반영하기 때문이다. 예를 들어 평소에 명랑하고 사교적인 사람도 사랑하는 누군가가 다쳤다는 소식을 들으면 걸음걸이가 갑자기 변할 수 있다. 부정적이거나 비극적인 소식은 도움을 주기 위해 필사적으로 달려가게 할 수도 있고, 자기 어깨에 삶의 무게를 몽땅 짊어진 것처럼 무기력하게 걸어가도록 할 수도 있다.

걸음걸이 유형의 변화는 뭔가가 잘못됐다거나 문제가 있을지도 모른다고 경고한다. 한마디로 의미심장한 뭔가가 발생했음을 암시한다. 그런 정보는 앞으로의 상호작용에서 더욱 효과적으로 대응할 수 있도록 도움을 주므로 상대방의 걸음걸이가 왜 갑자기 변했는지 알아볼 필요가 있다. 걸음걸이는 자신도 모르게 마음을 표현하기 때문에 모르고 있는 사실을 간파하는 데 도움이 된다.

아무리 철두철미한 범죄자라도 자신이 몸으로 누설하는 많은 정보를 늘 깨닫고 있는 것은 아니다. 뉴욕시에서 근무할 때, 동료 요원과 나는 거리를 누비는 범죄자들이 군중 속에 섞이려 애쓰는 모습을 보기도 했다. 그런 모습을 간파하는 것은 간단하다. 그들은 보도 안쪽을 걷다가 목적 없이 가게 진열장을 바라보며 습관적으로 걷는 속도를 주변 사람들과 맞춰 바꾸기 때문이다.

대부분의 사람들은 가야 할 곳과 해야 할 일이 있기 때문에 목적을 갖고 걷는다. 그러나 강도, 약물 거래자, 도둑, 사기꾼 같은 범죄자는 숨어서 다음 희생자를 기다리므로 자세와 걸음걸이가 일반인과 다르다. 행동 개시 전까지 그들의 걸음에는 목적성을 띤 방향이 없다.

거지나 강도가 당신을 향할 때 감지되는 불편함은 변연계 뇌가 표적이 되는 것으로부터 보호하려 하기 때문이다. 거리에서 목적 없이 거닐다가 갑자기 당신을 향해 일직선으로 다가오는 사람이 있다면 조심하라! 가능한 한 빨리 도망쳐라. 단순히 그런 느낌이 들 뿐일지라도 내부의 목소리에 귀를 기울여라.

공항 세관 검사관이 사람을 읽는 방법

연인이나 친한 사람을 대하는 사람의 발은 상대의 발을 거울처럼 반영하게 마련이다. 몸은 상대를 향하고 있지만 발은 상대에게서 멀어지는 쪽을 향한다면 그 이유를 곰곰이 생각해봐야 한다. 이러한 발 동작은 몸의 방향과 관계없이 진정으로 우호적인 자세가 아니며, 곧 떠나야 하거나 출발해야 하거나 대화 주제에 무관심하거나 이야기에 몰입하지 않는다는 것을 의미한다.

길에서 모르는 사람이 다가올 때 엉덩이 위쪽으로는 그 사람에게 주의를 돌리지만 발은 가던 방향을 계속 향하게 된다. 이 자세가 전해주는 메시지는, 사회적으로는 잠시 주의를 기울이지만 개인적으로는 머물거나 도망갈 준비가 되어 있다는 것이다.

나는 수년간 미국과 해외 세관 검사관들의 교육을 담당해왔다. 그들에게 가르친 내용 가운데 하나는 세관 신고를 위해 검사관을 향해 돌아서 있는 동안 발이 출구 쪽을 향하는 여행객에게 주의를 기울이라는 것이었다. 단순히 제시간에 비행기를 타기 위해 서두르는 것일 수도 있지만 검사관이라면 이런 행동을 의심해볼 필요가 있다. 발이 바깥쪽을 가리키고 있다면 그가 다른 곳에 있고 싶어 한다는 것을 의미한다. 이것은 거리를 두는 방식 중 하나이므로 잘 관찰해야 한다.

우리는 연구를 통해 "신고할 것이 없습니다"라고 단정하면서도 발이 돌아가 있는 사람은 뭔가 신고해야 할 것을 숨기고 있을 가능성이 크다는 점을 발견했다. 얼굴은 협력적이고 말도 확고하지만 발이 결코 협조적이지 않다는 것을 드러내는 셈이다.

73
발이 바깥쪽을 가리키고 있다면
그가 다른 곳에 있고 싶어 한다는 것을 의미한다.
이것은 거리를 두는 방식 중 하나이므로 그저
형식적으로 하는 말이 아닌지 잘 관찰해야 한다.

킴 베이싱어의 초조한 인터뷰

다리 떨기와 흔들기는 일상적인 것이다. 늘 다리를 떠는 사람도 있고 하지 않는 사람도 있다. 다리를 떤다고 해서 거짓말을 하고 있는 것은 아니다. 정직한 사람과 부정직한 사람 모두 다리를 떨거나 흔들 수 있다.

고려해야 할 핵심사항은 어느 시점에서 그런 행동이 시작하고 변화되는가 하는 점이다. 몇 년 전 유명 앵커 바바라 월터스가 아카데미상 시상식 전에 수상 후보자인 킴 베이싱어를 인터뷰할 때였다. 인터뷰 내내 베이싱어는 발을 흔들었고 손도 몹시 불안해 보였다. 그리고 월터스가 재정적 어려움과 베이싱어 부부의 문제가 될 만한 투자에 대해 묻기 시작했을 때 그녀의 발은 흔들기에서 차는 수준으로 바뀌었다. 이것은 두드러진 변화지만, 그렇다고 그녀가 거짓말을 하고 있다거나 질문에 대해 거짓말할 의향이 있음을 의미하진 않는다. 하지만 그것은 분명 부정적 자극(질문받은 문제)에 대한 본능적 반응으로 그녀가 대답에 떳떳하지 못함을 반영한다.

연구에 따르면 앉아 있는 사람이 발을 흔들다가 차기로 바꾸면 그가 어떤 부정적인 것을 보거나 들어서 기분이 나쁘다는 표시라고 한다. 발을 아래위로 흔드는 것은 불안감의 표시일 수 있지만 발차기는 불쾌한 것과 싸우는 무의식적인 방법이다. 이러한 행동은 자동적으로 표출되기 때문에 대부분의 사람은 자신이 그

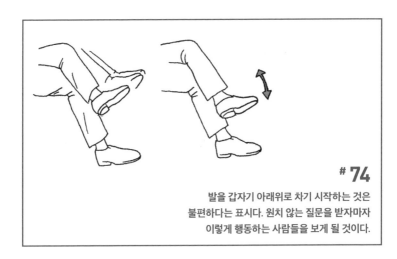

 # 74

발을 갑자기 아래위로 차기 시작하는 것은
불편하다는 표시다. 원치 않는 질문을 받자마자
이렇게 행동하는 사람들을 보게 될 것이다.

렇게 하고 있음을 인식하지 못한다.

따라서 상대방의 다리 차기 반응(또는 비언어에서 다른 어떤 극
적인 변화)을 일으킬 만한 질문을 함으로써 어떤 특정한 사항이
나 주제에 문제가 있는지 알아볼 수 있다. 질문에 대답을 하든 안
하든 숨겨진 사실은 비언어 행동으로 표현될 수 있다.

언젠가 중대 범죄를 목격한 것으로 보이는 한 여성을 조사했
던 일이 기억난다. 그녀는 입을 다문 채 아무런 반응도 보이지 않
았고 우리는 짜증과 지루함을 견디느라 몹시 힘들었다. 그런데
미동도 하지 않던 그녀가 어느 순간 발을 흔들었다. 그 움직임을
놓치지 않은 내가 "당신은 클라이드를 아시나요?"라고 묻는 순
간 발 흔들기는 차기 동작으로 바뀌었다. 물론 그녀는 아무 대답
도 하지 않았다. 하지만 이미 단서를 포착한 나는 집요하게 질문

했고, 결국 그녀는 클라이드가 독일의 한 기지에서 정부 문서를 훔치는 일에 자신을 끌어들였다는 사실을 인정했다.

스트레스를 받을 때 다리는 의자를 찾는다

다리 또는 발을 계속 흔들다가 갑자기 멈추는 동작에 주목하라. 발 정지는 대개 스트레스 또는 감정 변화를 겪고 있거나 어떤 식으로든 위협당한다고 느낀다는 것을 의미한다. 변연계가 생존 행동을 왜 '정지' 모드로 변화시켰는지 파악하라. 어쩌면 자신이 공개하길 원치 않는 어떤 정보에 근접하는 말이 나왔거나 질문을 받았을 수도 있다. 생각지도 않던 순간에 숨기고 싶던 말이 튀어나오는 바람에 상대방이 그것을 알아챌까 봐 두려워하고 있는지도 모른다. 발 정지는 변연계가 통제하는 반응 중 하나로 인간은 주로 위험에 직면했을 때 행동을 멈춘다.

발가락이 안쪽을 향하거나 발을 교차하는 자세에도 주목해야 하는데, 불안하고 걱정스럽거나 위협을 느낀다는 신호다. 나는 용의자들을 수사하면서 그들이 스트레스를 받았을 때 발과 발목을 교차시키는 모습을 자주 보았다. 특히 여성은 치마를 입고 있을 때 이런 식으로 앉도록 교육을 받아왔다. 갑자기 다리를 꼬거나 겹치는 것은 불편함이나 불안을 암시한다. 편안한 느낌이 들면 겹쳤던 발목을 푸는 경향이 있다. 그러나 오랜 시간 이런 식으로 발목을 교차하는 것은 부자연스러우며 남성의 경우에는 더욱 더 의심스러운 자세로 간주해야 한다.

발목을 겹치는 것은 위협에 직면해 정지하려는 변연계 반응의 일부다. 경험 많은 비언어 관찰자는 거짓말하는 사람이 발을 움직이지 않고 얼어붙은 듯 보이거나 움직임을 제한하기 위해 그런 방식으로 발을 겹친다는 것을 발견한다. 이러한 발견은 거짓말을 할 때 팔과 다리의 움직임을 제한하려는 경향이 있다는 연구 결과와도 일치한다.

그렇다고 움직임이 없는 것 자체가 속이고 있음을 암시하는 것은 아니며, 자기절제와 조심의 표시로 불안을 느끼는 사람과

#75
갑자기 다리를 꼬거나 겹치는 것은 불편함이나 불안을 암시한다. 편안한 느낌이 들면 겹쳤던 발목을 푸는 경향이 있다.

거짓말을 하는 사람 모두 자신의 불안감을 달래기 위해 그런 행동을 한다. 한 단계 더 나아가 자신의 다리를 앉아 있는 의자의 다리에 거는 사람도 있다. 갑자기 의자다리에 발목을 거는 것은 정지반응의 일부로 불편함, 불안, 걱정을 나타낸다. 이러한 동작은 뭔가가 그를 곤란하게 만들고 있음을 드러내는 정지반응이다.

항상 동일한 의미를 드러내는 여러 가지 신체언어에 주의해야 한다. 이는 자신의 판단이 정확한지 확인할 수 있는 기회를 준다. 발 걸기의 경우, 발을 의자다리 주위에 걸고 손으로 바지를 쓱 문지르는지(바지에 손을 닦는 것처럼) 살펴보라. 발 걸기는 정지반응이고 다리 문지르기는 진정시키는 행동이다. 이 두 가지 동작을 함께 취하는 것은 크게 불안해하고 있다는 의미다. 자신이 저지른 어떤 일이 발각될까 봐 두려워하면서 스트레스를 받고 있는 것이다.

때로 두 발을 모두 감추는 경우도 있는데 이것은 스트레스 신호다. 대화를 나눌 때 상대방이 발을 의자 안으로 들여놓는지 관찰해보라. 내가 수년간 관찰해본 결과 큰 스트레스가 되는 질문을 받은 사람은 대개 발을 의자 밑으로 넣는다. 그것은 거리를 두는 반응이자 신체의 노출 부분을 최소화하려는 반응이다.

이처럼 특정 문제에 대해 불편함을 드러내면 폭로성 질문을 통해 결정적 실마리를 끌어낼 수도 있다. 조사받는 사람을 꼼꼼히 살피면 입으로는 말하지 않는 것을 발과 다리를 통해 적나라하게 보여준다는 사실을 알 수 있다. 이때 주제가 바뀌어 스트레스를 덜 받으면 발을 다시 앞으로 내민다. 이러한 행위는 스트레스를 받는 주제는 이제 지나갔다는 변연계의 안도감을 나타낸다.

인간의 진화 과정에서 발과 다리는 생존에 직접적으로 연관된 부분이었기 때문에 신체 중에서 가장 정직하다. 따라서 발과 다리는 예민한 관찰자에게 가장 정확한 정보를 제공하고, 이 정보는 모든 상황에서 다른 사람을 더욱 잘 파악하도록 도움을 준다.

발과 다리의 비언어 신호를 몸의 다른 부분이 보여주는 신호와 결합시키면 상대방이 생각하고 느끼고 의도하는 것을 보다 잘 이해 할 수 있다.

76
의자다리에 발목을 거는 것은 정지반응의
일부로 불편함, 불안, 걱정을 나타낸다.

PART 7

몸, 생존의
최전선

이번 장에서는 흔히 몸으로 불리는 엉덩이, 배, 가슴, 그리고 어깨를 다룰 것이다. 몸에는 심장, 폐, 간, 소화관처럼 생명과 관련된 내부기관이 집중돼 있기 때문에 위협을 당하거나 도전을 받을 때 뇌가 이 부분을 중점적으로 보호한다. 만약 위험이 포착되면 뇌가 이 중요한 기관을 보호하기 위해 다양한 방법으로 방어수단을 찾는다.

카페에 가보면 연인이 마주앉아 몸을 기울이고 있는 모습을 흔히 볼 수 있다. 그들은 더욱 친밀한 시각적 접촉을 위해 서로에게 더 가까이 다가간다. 복부를 서로에게 향하도록 하면서 가장 취약한 부분을 드러내는 것이다. 이는 사회적으로 도움이 되는 변연계 뇌의 본능적이고 진화적인 반응이다. 좋아하는 사람이나 사물이 있으면 더 가까이 다가가고 복부를 드러냄으로써 거리낌 없이 마음을 열고 있음을 보여준다. 이때 상대방이 거울을 보듯 비슷한 자세를 취하며 친밀감으로 보답하면 그 마음을 받아들인다는 것을 의미한다.

몇 년 전 나는 FBI 뉴욕 사무소에 배치됐다. 그곳에서 일하는 동안 나는 일부러 기차와 지하철을 자주 이용하며 승객들을 관찰했다. 그때마다 사람들이 영역을 주장하기 위해 사용하는 많은 기술을 발견할 수 있었다. 다른 사람에게 위압감을 주기 위해 자리에 앉아 몸을 옆으로 흔드는 사람, 손잡이를 잡고 있으면서 이따금 팔을 거칠 게 휘두르는 사람이 특히 눈에 들어왔다. 누구도 그들 가까이로 가려 하지 않았기에 그들은 항상 더 많은 공간을 차지하고 있었다.

이렇게 '이상한 사람' 옆에 있는 사람들은 그들과 닿지 않도록 가능한 한 멀리 몸을 기울인다. 뉴욕에서 지하철을 탈 기회가 있다면 이런 모습을 살펴보라. 어떤 사람은 다른 사람과 거리를 두기 위해 또는 공간을 더 확보하기 위해 일부러 이상하게 행동하거나 과장된 몸짓을 한다.

사람들은 불편하게 만드는 다른 사람에게서 몸을 멀리할 뿐 아니라 마음에 안 들거나 싫은 것으로부터 몸을 돌리기도 한다. 워싱턴의 관광코스인 홀로코스트박물관이 개관한 지 얼마 되지 않았을 무렵, 딸을 데리고 그곳을 방문한 적이 있다. 나는 전시물을 돌아보며 젊은 사람과 나이 든 사람이 각각 전시물에 어떻게 접근하는지 살펴보았다.

어떤 사람은 곧바로 걸어가 모든 의미를 파악하려는 듯 안쪽으로 몸을 기울였다. 반면 어떤 사람은 머뭇거리며 접근했고 나치의 비인간성을 목격하는 순간 천천히, 그리고 조금씩 몸을 돌리기 시작했다. 어떤 사람은 자신이 목격하고 있는 악행에 놀라 180도로 돌아서서 다른 쪽으로 향했다.

몸이 돌아섰다는 것은 그들의 뇌가 "나는 이것을 감당할 수 없어"라고 말했다는 의미다. 인류는 싫어하는 사람과 멀어지기 위해 몸을 기울이는 물리적 근접성뿐 아니라, 불쾌하다면 사진 같은 이미지에서조차 몸을 멀리 기울이도록 진화해왔다.

스트레스를 받거나 원치 않는 상황에 직면했을 때 인간의 몸은 그것으로부터 멀어짐으로써 감지된 위험에 반응한다. 예를 들어 어떤 물건이 자신 쪽으로 날아오면 변연계는 즉시 몸에 그 위험으로부터 벗어나라는 신호를 보낸다. 이런 일은 보통 사물의 종류와 상관없이 일어난다. 야구공이든 자동차든 자신이 가려는 방향에서 어떤 공격적인 움직임을 감지하면 그것으로부터 피한다.

마찬가지로 불쾌한 사람이나 싫어하는 사람 옆에 서게 되면 자신의 몸을 그 사람으로부터 멀어지게 기울인다. 몸무게의 많은 부분을 차지하는 몸통이 방향 전환을 할 때는 에너지와 균형이 요구되는데, 이는 곧 몸이 뭔가에서 멀어지기 위해 기우는 것은 뇌가 그것을 요구함을 의미한다. 따라서 몸의 반응은 정직하다.

몸을 기울이려면 에너지가 필요하다. 의식적으로 몸을 앞으로 숙이거나 비스듬히 기울여 균형을 잃은 불안정한 자세를 유지하려 해보라. 아마도 금방 피로를 느낄 것이다. 그러나 뇌가 필요를 느껴 무의식적으로 균형을 잃는 행동을 할 때는 그것을 느끼지도 알아채지도 못한다.

이러한 거리 두기는 때로 갑자기 또는 미묘하게 발생한다. 단순히 몸의 각도를 약간 바꾸는 것만으로도 부정적 감정을 표현하기에 충분하다. 예를 들어 감정적으로 멀어지는 커플은 육체적으로도 멀어진다. 그들의 손은 예전만큼 접촉하지 않고 몸은 실제로 서로를 피한다. 두 사람 사이에는 침묵의 공간이 생기며, 자동차 뒷좌석처럼 서로 나란히 앉아야 할 경우 머리는 서로를 향할지언정 몸은 그렇지 않다.

위험한 상황에서 인간은 등을 돌린다

거리를 두고 피하라는 변연계 뇌의 요구를 반영하는 몸의 표현은 진짜 감정을 보여주는 좋은 단서다. 두 사람의 관계에서 한 사람이 뭔가 잘못되고 있음을 깨닫는다면 상대방이 자신에게 미묘한 정도의 물리적 거리를 두고 있음을 감지한 경우가 많다.

거리 두기는 내가 '복부 부정'이라고 부르는 형태로 나타나기도 한다. 눈, 입, 가슴, 생식기 등이 위치한 복부 앞면은 좋아하고 싫어하는 사물에 아주 민감하다. 상황이 좋을 때는 좋아하는 사람이나 사물을 향해 복부 쪽을 드러낸다. 반면 상황이 나쁠 때, 즉 관계가 변하거나 토론하는 주제가 싫을 경우에는 방향 바꾸기 또는 외면을 통해 복부 부정을 취한다.

몸의 앞면은 몸에서 가장 취약한 부분이기 때문에 변연계 뇌는 상처를 주거나 괴롭히는 것으로부터 몸의 앞쪽을 보호하려 한다. 예를 들어 파티에서 싫어하는 사람이 다가오면 즉시, 그리고 무의식적으로 약간 옆으로 돌아서기 시작한다. 특히 연인 사이에 복부 부정이 늘어나면 관계에 문제가 있다는 표시다.

변연계 뇌는 싫어하는 대화에도 똑같은 반응을 보이게 한다. 어떤 텔레비전 토크쇼라도 좋으니 소리를 끄고 출연자들이 반대되는 주장을 제시하면 어떻게 상대방으로부터 멀어지도록 몸을 기울이는지 살펴보라. 얼마 전에 나는 공화당 대통령 후보자 토론회를 시청하고 있었는데, 후보자끼리 서로 꽤 멀리 떨어져 있었는데도 의견이 일치하지 않는 쟁점이 거론되면 서로에게서 멀어지도록 몸을 기울이는 모습을 발견했다.

복부 부정의 반대는 '복부 노출' 또는 '복부 대면'이다. 좋아하는 것 앞에서는 앞부분을 드러낸다. 아이가 안기려고 달려올 때는 앞에 있는 물건을 치우는 것은 물론 팔도 방해가 되지 않도록 옆으로 벌려 앞면을 활짝 드러낸다. 복부 정면은 인간이 따뜻함과 편안함을 가장 많이 느끼는 부분이다. 어떤 사람이나 사물에 대한 부정적 마음을 표현할 때는 '등을 돌린다'고 말한다. 복부 쪽은 좋아하는 것을 향하고 등은 좋아하지 않는 것을 향하기 때문이다.

마찬가지로 인간은 좋아하는 것을 향해 몸과 어깨를 기울임으로써 편안함을 표현한다. 학생들은 수업이 마음에 들 경우 자신도 모르게 거의 의자에서 엉덩이만 걸치다시피 몸을 앞으로 기울이며 한마디 한마디에 집중한다. 영화 〈레이더스Raiders of the Lost Ark〉에서 학생들이 교수의 말을 듣기 위해 앞쪽으로 몸을 기울이던 장면을 떠올려보라. 학생들의 비언어 행동은 교수를 존경하고 있음을 분명히 보여준다.

카페에 가 보면 연인이 마주앉아 몸을 기울이고 있는 모습을 흔히 볼 수 있다. 그들은 더욱 친밀한 시각적 접촉을 위해 서로에게 더 가까이 다가간다. 복부를 서로에게 향하도록 하면서 가장 취약한 부분을 드러내는 것이다. 이는 사회적으로 도움이 되는 변연계 뇌의 본능적이고 진화적인 반응이다. 좋아하는 사람이나 사물이 있으면 더 가까이 다가가고 복부를 드러냄으로써 거리낌 없이 마음을 열고 있음을 보여준다. 이때 상대방이 거울을 보듯 비슷한 자세를 취하며 친밀감으로 보답하면 그 마음을 받아들인다는 것을 의미한다.

몸 기울이기, 거리 두기, 복부 대면 또는 복부 부정 같은 몸의 비언어 행동은 회의에서도 늘 나타난다. 같은 의견을 공유하는 동료들은 가까이 앉고 서로 복부 쪽으로 향하고 있다. 반면 의견이 다를 경우에는 몸을 고정시키고 거의 복부 대면을 피한다. 이때는 서로에게서 멀어지는 쪽으로 몸이 기울게 된다. 이러한 행동은 무의식적으로 상대방에게 "나는 당신의 생각에 동의하지 않습니다"라고 말하는 것과 같다.

모든 비언어와 마찬가지로 이러한 행동은 상황을 통해 분석해볼 필요가 있다. 예를 들어 어떤 직무에 새롭게 배정된 사람은 회의를 할 때 경직되고 융통성 없어 보일 수 있다. 이처럼 딱딱한 자세와 제한된 팔 행동은 싫어하거나 반대한다기보다 단순히 새로운 환경에 놓여 불안해하는 것일 수도 있다.

다른 사람의 신체언어를 읽을 때는 자신 역시 비언어 표현을 하고 있다는 점을 기억해야 한다. 대화나 회의 도중에 정보와 의견이 나오면 어떤 느낌이 생기고 그 느낌은 비언어 행동에 반영된다. 만약 싫어하는 이야기를 듣고 다음 좋아하는 이야기를 들은 경우에도 몸은 이러한 변화를 그대로 반영한다.

상대방의 의견에 동의하거나 그의 말을 신중히 고려한다는 것을 알리는 강력한 방법은 몸을 상대방 쪽으로 기울이거나 복부를 그쪽으로 향하게 하는 것이다. 이러한 자세는 회의시간에 말할 기회가 없을 때 특히 효과적이다.

77
인간의 몸은 편안함을 느끼거나
의견이 일치할수록 서로를 향해 기운다.
이렇게 거울처럼 반응하는 것은 아기 때부터 시작된다.

#78

인간은 싫어하는 사물과 사람으로부터
몸을 멀리하며, 동료가 자신과 다른 의견을
말할 때도 그로부터 몸을 멀리한다.

왜 여자들은 쿠션을 끌어안을까?

싫어하는 사람 또는 사물로부터 몸을 멀리 하는 것이 어렵거
나 사회적으로 용납되지 않을 때 인간은 무의식적으로 장벽 역
할을 하도록 팔을 꼬거나 물건으로 몸을 가린다. 옷을 입거나 가
까이에 있는 물건을 이용하기도 한다. 대화 도중에 갑자기 팔짱

을 끼는 것은 불편함의 암시일 수도 있다.

누군가가 갑자기 몸을 보호하는 행동을 하면 편하지 않거나 자신이 위협적인 상황에 놓인 것을 감지했음을 의미한다. 1992년 나는 FBI 요원들과 함께 보스턴의 한 호텔에서 어느 청년과 그의 아버지를 조사했다. 그때 청년은 소파 쿠션을 집어 들고 조사를 받는 세 시간 내내 끌어안고 있었다. 아버지가 곁에 있었는데도 또 다른 보호막으로 자신을 보호하려 했던 것이다.

그런데 그 청년은 자신이 참여한 스포츠 활동처럼 대화의 주제가 중립적일 때는 쿠션을 옆에 내려놓았다. 그러다가 우리가 강력범죄에 대한 그의 공모 가능성을 말하자 다시 쿠션을 단단히 끌어안았다. 분명 그는 그 질문에서 위협을 느끼고 있었다. 그 조사에서 그는 아무것도 드러내지 않았지만 다음번에 조사를 받을 때 그를 보호해줄 쿠션은 없었다.

가까이에 있는 물건들로 자신의 몸을 가리는 다른 방법으로, 불편하게 여기는 사람 앞에서 재킷 단추를 채울 수도 있다. 그러나 재킷 단추를 잠그는 동작이 항상 불편함을 표시하는 것은 아니다. 남성은 종종 격식을 갖춰야 하는 자리에 참석하거나 상사에게 경의를 표할 때 재킷 단추를 잠근다. 다시 말해 그것은 바비큐 파티에서 느끼는 그런 편안함은 아니지만 그렇다고 불편함을 표시하는 것도 아니다.

어쨌든 옷을 입는 것과 옷에 어떤 정성을 들이느냐는 인식에 영향을 줄 수 있다. 심지어 다른 사람에게 얼마나 접근 가능한지 또는 얼마나 마음이 열려 있는지를 암시하기도 한다.

나는 대통령들이 백악관에서 60여 킬로미터 떨어진 캠프 데이비드에 가는 이유가 비즈니스 정장 차림으로 달성할 수 없는 일을 폴로셔츠를 입고 달성하려는 의도 때문이 아닌가 생각한다. 그들은 코트를 벗고 복부를 드러냄으로써 "나는 당신에게 열려 있습니다"라고 행동으로 말한다. 대집회를 여는 대통령 후보들 역시 재킷(그들의 보호막)을 벗고 국민 앞에서 셔츠 소매를 걷어 올리며 동일한 메시지를 보낸다.

흔히 여성은 남성보다 더 많이 자신의 몸을 가리는 경향이 있다. 특히 불안감이나 초조감을 느낄 때, 또는 조심스럽게 행동해야 할 때는 더욱 그렇다. 여성은 종종 자신의 몸을 보호하고 불안감을 해소하기 위해 팔짱을 낀다. 한 팔을 앞면에 가로로 두고 반대편 팔로 팔꿈치를 잡으면서 몸에 대한 장벽을 만들기도 한다. 두 가지 모두 무의식적인 행동으로 자신을 보호하고 격리하는 데 도움을 준다.

대학에서 강의를 할 때, 나는 처음 며칠 동안 여학생들이 교실에 들어올 때 가슴팍에 노트를 안고 들어오는 것을 자주 본다. 그러다가 그들이 점점 편안함을 느끼면 노트는 옆구리로 내려간다. 시험 기간에는 가슴을 보호하는 행동이 남학생에게서도 증가하는 경향이 있다.

여성은 특히 혼자 앉아 있을 때 자신을 보호하기 위해 배낭, 서류 가방, 지갑 등을 이용한다. 텔레비전을 보는 동안 쿠션처럼 위안을 주는 물건을 끌어안는 것은 마음을 편안하게 해준다. 사실 그러한 물건은 편안함을 제공하기 위해 그 자리에 있는 것이다.

자기 몸을 보호하는 사람들을 목격했을 때는 그들이 불편함을 느낀다는 단서로 활용할 수 있다. 그 불편함의 단서는 그들을 도와주거나 최소한 그들을 더욱 잘 이해할 수 있도록 해준다.

남성 역시 몸을 가리지만 눈에 덜 띄게 미묘한 방식으로 한

#79
대화 도중에 갑자기 팔짱을 끼는 것은
불편함을 암시할 수도 있다.

다. 영국의 찰스 황태자가 대중 앞에 섰을 때 그랬던 것처럼 남성은 자신의 시계를 만지작거리며 앞쪽으로 손을 뻗친다. 손을 쭉 뻗어 셔츠 소매를 고치거나 커프스단추를 만지기도 한다. 또한 평소보다 오랫동안 넥타이 매듭을 고치기도 하는데, 이 자세는 팔이 가슴과 목의 앞부분을 가리게 해준다. 이러한 행동은 그 순간 약간 불안하다는 것을 알리는 비언어 신호다.

팔짱의 다중적인 의미를 해석하는 법

한번은 슈퍼마켓 계산대에서 내 앞의 여성이 결제가 완료되길 기다리는 모습을 지켜본 적이 있다. 그녀는 신용카드를 사용했는데 카드판독기는 그것을 계속 거부했다. 그녀는 화가 나서 포기하고 걸어 나가기 전까지, 카드를 카드판독기에 통과시키고 비밀번호를 입력할 때마다 팔짱을 낀 채 카드판독기의 반응을 기다렸다. 카드가 거듭 거부되면서 그녀의 팔과 잡는 힘은 더욱 단단해졌고 그것은 그녀의 괴로움과 불안이 가중되고 있다는 표현이었다.

아이들은 화가 나거나 반항을 할 때 몸 위로 양팔을 교차시키거나 감는다. 이처럼 자신을 보호하는 행동은 배 위에서 양팔을 교차하는 것부터 양손으로 반대편 어깨를 잡고 양팔을 높이 교차하는 것까지 다양하게 나타난다.

#80

많은 사람이 공공장소에서 줄을 서서 기다리거나 말하는 사람에게 귀를 기울이는 동안 팔짱을 낀다. 그 자세가 편하기 때문이다. 하지만 늦은 시간에 버스를 기다리는 것처럼 뭔가가 자신을 곤란하게 하지 않는 한, 다시 말해 안락한 공간에서는 좀처럼 팔짱을 끼지 않는다.

#81

손으로 꽉 움켜쥐면서 팔짱을 끼는 것은 분명한 불편함을 나타낸다.

학생들은 간혹 나에게 수업 중에 학생이 팔짱을 끼고 있으면 뭔가가 잘못됐음을 의미하는지 묻곤 했다. 그러나 그 자세는 뭔가가 잘못됐다거나 교사로부터 자신을 보호하기 위한 것이 아니다. 몸 앞에서 교차된 팔은 스스로 편안함을 느낄 수 있는 자세다.

그러나 갑자기 팔을 교차시켜 손으로 꽉 잡는 것은 불편함을 나타낸다. 이런 자세를 기준으로 어떤 변화가 일어나는지 관찰해야 한다. 점점 팔의 힘을 빼면서 앞쪽을 개방하는지 관찰하라. 나는 강의를 하면서 종종 처음에 팔짱을 끼고 있던 수강생들이 시간이 지나면서 점점 팔짱을 풀게 된다는 사실을 발견한다. 이러한 행동을 이끌어낸 것은 무엇일까? 아마도 그들이 분위기와 강사에 대해 편안함을 느꼈기 때문일 것이다.

단순히 춥기 때문에 팔짱을 끼는 것이라고 주장할 수도 있다. 그러나 추위 자체도 불편함의 한 형태이므로 비언어적 의미가 아니라고 할 수는 없다. 조사를 받는 사람(예를 들면 범죄 용의자, 문제아, 문제 사원)은 조사를 받는 동안 간혹 추위를 느낀다고 호소한다.

어떤 이유로든 괴로움을 느끼면 변연계가 정지나 도망 또는 투쟁의 생존 반응을 위한 준비에 몸의 다양한 시스템을 끌어들인다. 도망치거나 위협과 싸우기 위해 근육을 사용해야 할 경우, 변연계는 팔과 다리의 근육 쪽으로 피를 보낸다. 그래서 피부의 피가 줄어든다. 피가 생명 유지와 관련된 영역으로 돌아가면 평소의 피부색을 잃고 창백해지거나 충격을 받은 것처럼 보인다. 인체를 따뜻하게 해주는 피가 피부에서 더 깊은 근육 쪽으로 가면 몸의 표면은 차가워진다.

앞에서 조사를 받으며 쿠션을 끌어안았던 청년은 내가 에어컨을 껐는데도 내내 춥다고 투덜거렸다. 그곳에 있던 사람들 중에서 방 온도에 대해 불평한 사람은 그 청년뿐이었다.

왜 불편한 상황에서는 소화가 안 될까?

식사를 하면서 논쟁을 벌일 경우 소화가 안 되는 이유는 무엇일까? 화가 나면 소화 시스템이 소화에 필요한 만큼의 적절한 피를 확보하지 못한다. 변연계의 정지, 도망, 투쟁반응이 피를 근육으로 보내는 것처럼 도망갈 준비를 하기 위해 소화 시스템의 피를 심장과 팔, 다리 근육으로 보내기 때문이다.

위장이 불편한 것은 변연계 각성의 한 증후다. 다음에 식사 자리에서 논쟁이 발생하면 당신은 불편함의 변연계 반응을 인식할 수 있을 것이다. 식탁에서 부모가 싸우면 아이는 제대로 식사를 할 수 없다. 도주와 생존을 준비시키기 위해 아이의 변연계가 영양과 소화를 향해 신호를 보냈기 때문이다.

마찬가지로 정신적으로 큰 충격을 경험한 뒤에 얼마나 많은 사람이 구토를 하는지 주목하라. 위기가 발생하면 몸은 소화할 시간이 없다. 짐을 가볍게 해 도망치거나 물리적 충돌에 대비해야 하기 때문이다.

맥아더에게 몸을 굽힌 아이젠하워

몸을 굽히는 것은 박수갈채를 받았을 때처럼 영광스럽게 느낄 때 복종이나 존경 또는 겸손의 표시로 행해진다. 예컨대 동양인은 존경과 복종의 의미로 절을 하지만 서양인은 대개 몸을 쉽게 굽히지 않는다. 그러나 연장자나 존경받는 인물을 만났을 때 몸을 약간 굽히는 동양인의 자세는 서양인도 배울 필요가 있다. 이 간단한 제스처는 경의를 표하는 의미를 담고 있기 때문에 기꺼이 그런 자세를 취하는 사람에게 사회적 이득을 가져다준다. 동유럽인, 특히 나이 든 사람들은 약간 몸을 구부려 존경에서 우러나오는 인사를 한다. 이런 모습을 볼 때마다 나는 공손함과 존경을 보여주는 것이 얼마나 멋진 일인가를 생각한다.

제2차 세계대전이 발발하기 전 더글러스 맥아더 장군은 필리핀에 배속돼 있었다. 하루는 미국 육군장교 한 사람이 서류를 전달한 다음 맥아더의 집무실을 나가면서 허리를 굽혀 인사했다. 그렇게 하라고 그에게 요청한 사람은 아무도 없었다. 그 행동은 더 높은 직위에 있는 사람의 지위를 분명히 인정한다는 의미에서 자동적으로 나온 것이었다. 한마디로 그것은 맥아더가 책임자임을 인정하는 행동이었다(고릴라, 개, 늑대, 그 밖에 다른 동물도 이런 자세를 보인다).

놀랍게도 그때 허리 굽혀 인사한 장교는 나중에 나토군 최고사령관이 되었다. 그는 바로 노르망디 상륙작전의 기획자이자 미국의 제34대 대통령인 드와이트 아이젠하워다. 수년이 지난 후 아이젠하워가 대통령 선거에 출마한 사실을 알게 된 맥아더는 함께했던 훌륭한 부하 중에서도 아이젠하워가 가장 훌륭했다고 논평했다. 의식적이든 무의식적이든 몸을 굽히는 것은 다른 사람에 대한 배려를 나타내는 비언어 행동이다.

옷차림은 전략 그 이상

비언어 커뮤니케이션에는 상징물도 포함되므로 옷과 몸에 걸치는 다른 장식에도 주의를 기울여야 한다. 나는 '옷이 날개'라는 말에 동의한다. 정장이든 평상복이든 색상을 비롯해 옷이 다른 사람에게 영향을 준다는 것은 수많은 연구를 통해 입증되었기 때문이다.

옷 입는 것은 우리에 대해 많은 것을 말해주는 동시에 우리를 위해 많은 것을 할 수 있다. 어떤 의미에서 몸은 감정을 광고하는 게시판이다. 연애를 할 때는 상대방의 마음을 사로잡기 위해 잘 차려 입는다. 일하는 동안에는 성공을 위해 복장에 신경을 쓴다. 마찬가지로 교복, 경찰 배지, 그리고 군대 훈장은 어떤 상징에 대한 주의를 불러일으키는 수단으로 착용한다. 옷은 사람들의 시선을 끈다. 대통령이 의회에서 연두교서를 발표할 때 청색과 회색의 물결 속에서 빨간색 옷을 입은 여성은 깃털을 과시하는 새처럼 사람들 눈에 띄기 위해 선명한 색상의 옷을 입은 것이다.

옷은 입는 사람의 기분과 성격을 반영한다. 어떤 사람은 차분하게, 또 어떤 사람은 현란하거나 험악하게 입는다. 다른 사람을 매혹하기 위해, 근육이나 몸매가 얼마나 멋진지 자랑하기 위해,

사회적·경제적·직업적으로 어디에 속하는지 알리기 위해 옷과 장신구를 이용한다. 그토록 많은 사람이 외출할 때 무엇을 입을지 고민하는 이유가 바로 여기에 있다.

사람은 입는 옷으로 자신을 드러낸다. 나는 수년간 다른 사람들에게 FBI 요원처럼 옷을 입는다는 말을 들어왔고 그들은 옳았다. 나는 주로 네이비블루(밝은 감색) 정장, 흰 셔츠, 버건디(진한 자주색) 넥타이, 검정 구두를 착용하고 짧은 머리 스타일을 유지했다.

다음의 시나리오를 상상해보라. 어느 날 저녁 인적이 드문 길을 걷다가 뒤에서 누군가 다가오는 소리를 듣는다. 어두워서 그 사람의 얼굴이나 손은 볼 수 없지만 그가 정장과 넥타이 차림을 하고 서류가방을 들고 있다는 것은 판단할 수 있다. 이제 똑같은 장면을 상상하되 이번에는 단정치 못하고 헐렁한 옷, 축 늘어진 바지, 비뚤어진 모자, 얼룩진 티셔츠, 그리고 너덜거리는 운동화를 신은 사람이 뒤따르고 있다는 것을 어렴풋이 알게 되었다. 어떤 경우든 당신은 세부적인 모습을 식별할 만큼 그 사람을 잘 볼 수 없다. 단지 옷차림에 근거해 그 사람이 남자라고 가정할 수 있을 뿐이다.

복장에만 근거한다면 각각의 인물이 자아내는 잠재적 위협에 당신은 다른 결론을 내리기 쉽다. 그 결론은 당신을 편하게 또는 불편하게, 심지어 잠재적인 두려움을 느끼게 할 것이다. 어떤 사람에게 더 편안함을 느끼는가는 당신이 결정할 일이다. 그 결정이 맞든 틀리든 다른 모든 것이 동일하다면 사람을 평가하는 데 큰 영향을 미치는 것은 바로 그가 입고 있는 옷이다. 옷차림 자체가 물리적으로 해를 끼치지는 않지만 사회적으로 영향을 미칠 수 있다는 얘기다.

미국인이 9·11테러 사건 이후 중동 지역을 연상시키는 옷을 입은 사람을 볼 때 어떤 느낌일지 상상해보라. 나는 대학생들에게 인생이 언제나 공정한 것은 아니며 불행히도 옷차림이 영향을 주기도 하므로 옷을 선택하는 일과 타인이 보내는 메시지에 신중할 필요가 있다고 말한다.

사실 사람들은 자신이 종사하는 일에 따라 의식적으로 옷을 선택하기 때문에 복장을 보면 어떤 일을 하는지 대충 파악할 수 있지만, 그래도 조심할 필요가 있다. 가전제품 수리기사 제복을 입고 집 밖에 서 있는 사람이 당신 집에 접근하기 위해 그 옷을 구입했거나 훔친 범죄자일지도 모른다. 옷차림은 비언어 평가의 전체 구성 속에서 신중하게 고려될 필요가 있다.

몸단장은 또 하나의 메시지다

단지 옷차림에 근거해 사람을 평가할 때는 주의해야 하는데, 종종 잘못된 결론에 이르게 할 수도 있기 때문이다. 얼마 전에 런던의 버킹엄궁에서 가까운 좋은 호텔에 묵었는데, 객실 청소원을 포함한 모든 사원이 아르마니 정장을 입고 있었다. 만약 그들을 출근하는 기차에서 보았다면 나는 그들의 사회적 지위에 대해 잘못된 판단을 내렸을 수도 있다.

옷차림은 문화적으로 규정되고 쉽게 조작되므로 비언어 커뮤니케이션의 한 부분일 뿐이라는 것을 기억해야 한다. 우리는 옷 입는 것이 메시지를 보내는지 아닌지를 판단하기 위해 옷차림을 평가하는 것이지 복장에 따라 사람들을 판단하려는 것이 아니다.

옷은 다른 사람에게 보내기를 원하는 메시지와 일치하도록 입는 것이 중요하다. 옷이나 액세서리를 선택할 때는 그것을 착용함으로써 자신이 전달하려는 메시지와 상대방이 그것으로부터 무엇을 인지할 것인지를 염두에 둬야 한다. 누구나 의식적으로 특정한 시간과 장소에서 한 사람 또는 집단에게 신호를 보내기 위해 어떤 복장을 이용할 수 있지만, 그 메시지를 제대로 받아들이지 못하는 사람도 분명 있다.

세미나를 할 때 나는 가끔 이런 질문을 한다.

"오늘 어머니가 시킨 대로 옷을 입은 사람은 몇 명이나 되나요?"

모두 웃으면서 아무도 손을 들지 않는다.

"여러분 모두 스스로 옷을 선택해서 입었군요."

그러면 사람들은 모두 주위를 돌아본다. 그때 대개는 옷을 더 잘 입어서 자신을 더욱 잘 표현할 수도 있었다는 것을 깨닫는다. 아무튼 두 사람이 처음 만날 때 상대방을 알게 해주는 유일한 정보는 신체적 외모와 다른 비언어 커뮤니케이션이다. 이제는 자기 자신이 다른 사람에게 어떻게 인지되는지 고려해볼 때다.

사람들은 육체적·정신적으로 건강할 때 적당히 몸단장을 함으로써 외모를 가꾼다. 이것은 인간만의 독특한 행동양식이 아니며, 새와 포유동물도 같은 행동을 한다. 반면 육체적·정신적으로 건강하지 못하면 전체적인 겉모습뿐 아니라 몸통과 어깨의 자세도 좋지 못한 건강 상태를 나타낸다.

노숙자들은 대개 정신분열증으로 고통을 받고 있으며 자신의 옷 차림새에 거의 관심을 기울이지 않는다. 심지어 씻거나 깨끗한 옷으로 갈아입히려는 시도조차 거부하는 사람도 있다. 정신적으로 우울한 사람은 걷거나 서 있을 때 마치 삶의 무게가 온통 그 사람에게 실려 있기라도 하듯 구부정하다.

인류학자, 사회사업가, 그리고 의료계 종사자들은 사람이 아프거나 우울할 때 몸을 제대로 단장하지 못한다는 점을 알고 있다. 뇌가 슬픔을 느끼거나 육체적으로 질병을 앓을 때 가장 먼저 관심 밖으로 밀려나는 것은 모양내기와 자기표현이다. 예를 들어 수술 후 회복 중인 환자는 외모에 거의 신경 쓰지 않고 헝클어진 머리를 그대로 드러낸 채 병원 복도를 걸어 다니기도 한다. 몸이 많이 아플 때는 평소 흐트러진 정도보다 더한 모습으로 누워 있을 수도 있다.

사람이 아프거나 정신적으로 충격을 받으면 뇌는 다른 것을 우선시하고, 이때 모양내기는 우선순위에서 한참이나 뒤로 밀려나게 된다. 따라서 위생 상태와 모양내기를 보면 그 사람의 육체적·정신적 건강을 추정해볼 수 있다.

의자에 앉아 늘어져 있지 마라

소파나 의자에서 몸을 벌리는 것은 대개 편안함의 표시다. 하지만 어떤 심각한 문제가 있을 때 몸을 벌리는 것은 영역 또는 지배의 표현이다. 특히 10대들은 부모에게 꾸지람을 듣는 동안 권위에 반발해 자기 환경을 지배하겠다는 비언어적 표시로 몸을 벌리고 앉는 경향이 있다. 이처럼 몸 벌리기는 무례한 행동으로 권위자에 대한 무관심을 나타낸다. 따라서 장려하거나 관대하게 취급해서는 안 되는 영역 표현이다.

만약 자녀가 심각한 문제에 놓일 때마다 이런 행동을 한다면 바로 앉으라고 요청해야 한다. 이때 말을 듣지 않으면 아이의 공간을 비언어적으로 침범함으로써(옆에 앉거나 뒤에 가까이 서 있음으로써) 이러한 행동을 즉각 중단시킬 필요가 있다. 부모가 자녀의 공간을 침범하면 아이의 변연계가 반응을 일으켜 똑바로 앉게 한다.

논쟁 중에 아이가 몸을 벌리고 있는데도 그대로 두는 것은 "그래, 나에게 버릇없게 행동해도 괜찮아"라고 말하는 것이나 다름없다. 이런 아이들은 나중에 정중하게 앉아야 할 자리에서도 계속 부적절한 자세를 보일 수 있다. 몸 벌리기 행동은 타인의 눈살을 찌푸리게 만들며, 심지어 직장 생활에 걸림돌이 될 수도 있다. 그런 행동이 권위에 대한 결례라는 강한 부정적 비언어 메시지를 내보내기 때문이다.

인간은 다른 동물(도마뱀, 개, 침팬지 등)과 마찬가지로 영역 지배를 확립하려 할 때 가슴을 부풀린다. 서로에게 화가 난 두 사람을 관찰해 보라. 그들은 마치 실버백(silverback: 나이 든 수컷 고릴라로 무리를 이끌며 등에 회색 털이 나 있다)처럼 가슴을 헐떡거린

#82
몸을 벌리는 것은 영역 표현으로 집에서는
괜찮지만 사회생활에서는 결코 그렇지 않다.
특히 면접을 볼 때 취해서는 안 될 자세다.

다. 설사 그 모습이 우스꽝스럽게 보일지라도 가슴을 헐떡이는 자세를 무시해서는 안 된다. 누군가를 치려고 할 때 가슴이 부풀어 오르는 사례가 많이 관찰되었기 때문이다.

학교 운동장에서 아이들이 막 싸우려고 할 때 이런 모습을 볼 수 있다. 또한 프로 권투선수들은 중대한 시합이 열리기 전에 서로 가슴을 내밀고 기싸움을 하며 승리에 대한 확신을 선언한다. 대표적으로 무하마드 알리는 게임을 하기 전의 행사에서 어느 누구보다 이런 자세를 잘 드러냈다. 그는 위협적인 동시에 재미를 선사했으며, 그것은 흥행과 입장권 판매에 큰 도움이 되었다.

싸울 때 가슴이 왜 헐떡일까?

길거리에서 한 방 먹이려고 준비할 때 사람들은 대개 옷을 벗는 경향이 있다. 겉옷이나 모자 등을 벗는 것이다. 이런 동작이 단순히 근육을 구부리기 위해서인지, 불필요한 옷을 보호하기 위해서인지, 아니면 상대방이 붙잡을 것을 없애기 위해서인지는 알 수 없다. 어떤 경우든 길거리에서 싸움이 붙었는데 한 사람이 모자나 겉옷 등을 내려놓는다면 곧 거친 싸움이 시작될 것이라는 징조다.

몇 년 전에 스프링클러의 오작동으로 뜻하지 않게 왁스칠을 해둔 자동차에 물이 뿌려지면서 싸우게 된 두 이웃을 보게 됐다.

사태가 악화되면서 한쪽이 셔츠 단추를 풀기 시작했다. 나는 곧 주먹이 날아갈 거라고 예상했다. 셔츠가 벗겨지면서 헐떡이는 가슴이 그대로 노출됐다. 이는 곧바로 뒤따라올 일격에 대한 전조였다. 사실 어른들이 차에 묻은 물방울 때문에 주먹다짐을 하는 것은 어리석은 일이다. 그런 우스꽝스런 상황을 목격하면서 나는 몹시 당황스러웠다.

스트레스를 받고 있을 때 가슴은 급하게 부풀거나 팽창했다가 수축한다. 변연계가 자극을 받아 도망 또는 투쟁을 위해 준비하면 몸은 가능한 한 많은 산소를 들이마시려고 한다. 이때 더 깊고 빠르게 호흡함으로써 스트레스를 받은 사람의 가슴은 부풀어 오른다. 변연계가 "갑자기 도망가거나 싸워야 할 때를 대비해 산소 소비를 높여라!"라고 말하기 때문이다. 만약 건강한 누군가가 이런 행동을 보이면 그가 왜 그토록 스트레스를 받고 있는지 생각해봐야 한다.

어깨를 으쓱하는 두 가지 의미

어깨 으쓱하기는 상황에 따라 많은 것을 의미할 수 있다. 예를 들어 상사가 아랫사람에게 "이 고객의 불만에 대해 뭔가 아는 게 있는가?"라고 물었을 때 사원이 "아니요"라며 한쪽 어깨를 으쓱한다면, 그는 분명한 사실을 밝히지 않았을 가능성이 크다. 정

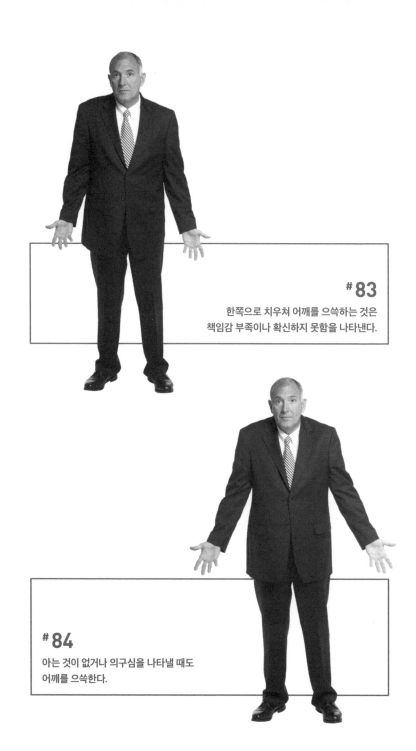

#83

한쪽으로 치우쳐 어깨를 으쓱하는 것은
책임감 부족이나 확신하지 못함을 나타낸다.

#84

아는 것이 없거나 의구심을 나타낼 때도
어깨를 으쓱한다.

FBI 행동의 심리학

직하고 진실한 경우에는 양쪽 어깨가 뚜렷하게 똑같이 올라가기 때문이다.

자신의 말을 확신할 때 사람들은 어깨를 높여 으쓱한다. 양쪽 어깨를 모두 귀를 향해 올리면서 "나는 모릅니다"라고 말하는 것은 조금도 이상하지 않다. 이는 보통 편안하고 자기 행동을 확신한다는 것을 의미한다.

그러나 어깨가 부분적으로만 올라가거나 한쪽 어깨만 올라가는 경우는 자기 말을 확신하지 못하는 것이며, 심지어 회피하거나 속이고 있을 가능성도 있다.

말하는 도중이나 부정적인 사건에 대한 반응으로 몸을 움직여 어깨가 서서히 귀 쪽으로 올라가는 사람을 주목하라. 여기서 핵심은 어깨를 천천히 올린다는 점이다. 이러한 자세를 보이는 사람은 몹시 불편하거나 자신감이 부족해 거북이처럼 머리가 사라지게 하려고 애쓰는 것이다.

나는 비즈니스 회의에서 간혹 이런 행동을 목격하기도 했다. 일단 상사가 들어와 "좋아요, 모두가 하고 있는 일에 대한 진행 상황을 듣고 싶습니다"라고 말한다. 그러면 회의실 여기저기에서 각자가 자신의 성과에 대해 이야기한다. 이때 아래로 가라앉는 것처럼 보이는 사람이 있는데, 그는 머리를 숨기려는 무의식적인 시도로 자꾸만 어깨가 높이 올라간다.

아이들도 거북이 자세를 곧잘 드러낸다. 아버지가 "대체 누가 아빠 책상에 있는 스탠드를 깨뜨리고도 말하지 않았니?"라고 물으면 아이들 중 한 명은 어깨가 귀를 향해 올라가 있다. 또한 경기에서 패한 축구팀이 탈의실로 들어갈 때도 이런 행동을 볼 수 있을 것이다.

몸과 어깨를 이용한 비언어 행동은 귀중한 정보를 제공한다. 만약 신체의 이 부분을 관찰하는 데 소홀했다면 이제부터라도 관찰 범위를 확장하라. 몸과 어깨의 반응은 정말로 정직하다. 왜냐하면 생명과 관련된 기관이 있는 곳이라 변연계가 몸을 보호하기 위해 애쓰기 때문이다.

#85
귀 쪽으로 올라간 어깨는 '거북이 효과'를
자아낸다. 이때 전해주는 메시지는
약함, 불안, 그리고 부정적 감정이다.

PART 8

FBI 요원의
속임수 간파하기

어떤 상황에서든 비언어 단서에 주목하면 다른 사람의 마음을 정확히 파악할
수 있다. 하지만 여기에는 읽기 어려운 인간 행동의 한 유형이 있는데 그것은
바로 속임수다.

당신은 어쩌면 한때 '인간 거짓말탐지기'로 불린 내가 비교적 쉽게 사기행위를
발견할 수 있고, 또한 거짓말을 식별하는 법을 가르칠 수 있을 거라고 생각할지
도 모른다. 그러나 실제로 속임수를 간파하는 것은 대단히 어렵다. 이 책 전체
에서 논한 다른 행동을 정확히 읽는 것보다 훨씬 더 어려운 일이다.

속임수를 간파하는 것이 어렵다고 말하는 이유는 인생 대부분을 거짓말을 탐
지하는 데 보낸 FBI 요원으로서의 내 경험 때문이다. 이번 장 전체를 속임수를
간파하기 위한 비언어 행동의 평가와 적용에 할애한 이유도 거기에 있다.

일반인이든 전문직 종사자든 거짓말은 쉽게 간파하지 못한다. 안타깝게도 나는 수년간 많은 수사관이 비언어 행동을 잘못 해석해 무고한 사람들을 억울하게 만든 사례를 많이 봐왔다. 실제로 스트레스 반응을 거짓말로 오해한 경찰 때문에 감옥으로 간 사람도 있다. 경관들이 스트레스의 비언어를 속임수로 착각해 뉴욕 센트럴파크에서 조깅하던 흑인에게 자백을 강요한 사건을 비롯해 신문은 온통 공포스런 이야기로 가득 차 있다.

이 책의 독자들이 속임수를 간파하는 비언어적 접근을 통해 보다 현실적이고 정직한 그림을 그리는 것은 물론, 누가 진실을 말하는지 판단하는 데 신중히 접근했으면 하는 것이 내 바람이다. "그래도 세상은 살 만한 곳이다"라는 말은 이 사회가 거짓보다 참이 더 많다는 가정에 근거해 움직인다는 것을 의미한다. 대부분 그렇다. 만약 그렇지 않다면 우리의 관계가 지속될 수 없을 것이다. 교역이 끝장 나고 부모와 자식 간의 신뢰도 무너지고 만다.

우리는 모두 진실에 의존한다. 진실이 부족할 때 우리는 고통받고 사회도 고통을 받는다. 아돌프 히틀러는 영국 총리 아서 체임벌린과 맺은 뮌헨협정을 이행하지 않았고 이로 인해 5,000만 명 이상의 생명이 희생됐다. 리처드 닉슨이 국민에게 거짓말을 했을 때 수많은 사람이 대통령에 대한 존경심을 버렸다. 엔론 임원진이 사원들에게 거짓말을 했을 때 수천 명의 삶이 하룻밤 사이에 파멸됐다.

우리는 정부와 기업이 공정하고 정직하길 기대한다. 개인적이든 직업적이든 공적이든 진실은 모든 관계에 필수적이다.

진실과 거짓말의 미묘한 차이

그래도 우린 운이 좋은 편이다. 사람들은 대개 정직하고, 매일 듣는 거짓말은 대부분 "이렇게 입으니까 뚱뚱해 보이니?"라는 질문에 괜찮다고 하는 것처럼 의도된 하얀 거짓말이다. 물론 보다 심각한 문제를 들었을 때 거기에 대해 평가하고 판정하는 것은 우리 자신에게 달려 있다. 이 일은 정말 어렵다. 수천 년간 사람들은 속임수를 탐지하기 위해 점쟁이와 온갖 미심쩍은 방법에 의존해왔다. 오늘날에도 어떤 조직에서는 필적 샘플과 목소리, 강세 분석 또는 거짓말을 분간하는 거짓말탐지기를 이용한다.

그러나 이 모든 수단은 100퍼센트 신뢰하기 어렵다. 속임수를 적발할 수 있는 완벽한 방법은 없다. 성능이 좋다고 자랑하는 거짓말탐지기조차 조작자에 따라 60~80퍼센트만 정확하다.

속임수를 식별하는 것은 정말 어렵다. 1980년대부터 반복적으로 실시된 연구들은 판사, 변호사, 임상의학자, 경찰관, FBI 요원, 정치가, 교사, 어머니, 아버지, 그리고 배우자를 포함한 모든 인간이 속임수를 간파하는 비율은 운이나 마찬가지라는 결과를 보여준다. 괴롭지만 사실이다. 전문직 종사자를 비롯해 대부분의 사람들은 정직하지 않다는 것을 정확히 알기 위해 동전 던지기를 하는 것이나 다름없다.

속임수를 간파하는 재능을 타고난 사람들조차(인구의 1퍼센트 미만) 정확도가 60퍼센트를 넘지 않는다. 어디까지나 자신의 판단에 근거해 정직과 부정직, 유죄와 무죄를 판정해야 하는 수많은 배심원을 생각해보라. 안타깝게도 그들이 자주 부정직으로 오인하는 행동은 주로 스트레스 반응일 뿐 속임수가 아니다. 나는 FBI 요원으로 활동하며 수많은 사람들과의 만남을 통해 속임수를 나타내는 절대적인 행동은 없다는 것을 배웠고, 그것을 내 좌우명으로 삼고 있다.

그렇다고 속임수를 연구하고 주어진 상황 속에서 그것을 암시하는 행동을 찾아 관찰하는 노력을 포기해야 하는 것은 아니다. 내가 하고 싶은 말은 현실적 목표를 세우라는 것이다. 언어보다 정확한 비언어 행동을 읽고 내면의 진정한 생각, 느낌, 의도를 파악하라. 이것이 더 이치에 맞는 목표다. 비언어 행동은 다른 사람을 효과적으로 이해하는 것을 도울 뿐 아니라 속임수의 단서도 보여준다.

속임수를 간파하는 것이 왜 그토록 어려운지 궁금하다면 "연습이 완벽을 만든다"는 격언을 생각해보라. 사람은 어린 시절부터 거짓말하는 것을 배우기 때문에 자주 거짓말을 한다. 그것도 아주 설득력 있게 거짓말을 한다. 예를 들어 "그들에게 우리가 집에 없다고 말해", "친척들을 만날 때는 미소를 지어", "무슨 일이 일어났는지 절대 부모님께 말하지 마. 안 그러면 우리 둘 다 곤란해질 거야" 같은 말을 듣거나 해본 적 있는지 생각해보라.

인간은 사회적 동물이기 때문에 자기 자신의 이익뿐 아니라 서로의 이익을 위해 거짓말을 한다. 거짓말은 긴 변명을 늘어놓지 않기 위해, 벌을 피하기 위해, 위조 박사학위를 위해, 아니면 단순히 좋은 사람이 되기 위해 사용된다. 심지어 화장품이나 패드를 넣은 옷도 속이는 것을 도와준다. 인간에게 거짓말은 사회적 생존을 위한 하나의 도구다.

FBI에서 속임수에 접근하는 4가지 모델

FBI에서 보낸 마지막 해에 나는 속임수에 관한 지난 40년간의 저작물들을 연구했고 그 분야와 관련된 결과물을 논문으로 작성했다. 그것이 바로 〈속임수 간파의 4가지 영역 모델: 수사의 대안적 패러다임〉이다. 이 논문은 변연계 각성의 개념과 편안함 및 불편함에 따른 행동과 표현, 그리고 편안함 및 불편함 영역에 근거해 부정직을 식별하는 모델을 제시하고 있다.

요컨대 거짓말을 하거나 잡힐까 봐 걱정할 때보다 진실을 말할 때나 걱정이 없을 때 더 편안함을 느낀다는 것을 보여주는 모델이다. 그 이유는 인간에게 죄의식이 있기 때문이다. 또한 편안하고 정직할 때 더 자신감 있게 행동하고 불편할 때는 그렇지 않다는 것도 밝히고 있다.

이 모델은 현재 전 세계에서 사용되고 있다. 비록 그 목적은 주로 범죄를 수사할 때 법 집행관들이 속임수를 간파하도록 훈련하는 데 있지만, 어떤 유형의 대인관계에도 적용할 수 있다. 아마도 당신은 지금까지 배운 내용을 통해 그것을 이해할 만반의 준비를 갖췄을 것이다.

죄의식이 있는 사람은 거짓말을 하거나 죄를 지었을 경우, 결코 편안해질 수 없음을 알고 있으며, 그들의 긴장과 괴로움은 즉시 관찰된다. 대개는 거짓말을 정당화하기 위한 답을 꾸며내려 애쓰면서 자신의 유죄나 속임수를 감추려 시도하느라 스스로에게 비참한 짐을 얹어놓는다.

이런 사람과 대화할 때는 그가 편안해할수록 속임수와 연관된 결정적 비언어를 파악하는 것이 더 쉬워진다. 따라서 상호작용의 초기나 라포를 형성하는 동안 그에게 편안함을 주도록 노력해야 한다. 그 사람이 위협당한다고 느끼지 않을 때 결정적 단서를 포착할 확률이 높아지기 때문이다.

속임수를 간파하려 할 때는 당신이 거짓말한 사람의 행동에 영향을 미칠 수 있음을 의식하고 있어야 한다. 당신이 어떻게 질문하는 지(힐난조로), 어떻게 앉는지(너무 가까이), 어떻게 쳐다보는지(의심스럽게)에 따라 그들은 편안해할 수도 있고 그렇지 않을 수도 있다. 만약 당신이 그 사람의 공간을 침범하거나 의심스럽게 행동하면 또는 잘못 쳐다보거나 힐난조로 질문하면 부정적 영향을 미친다.

거짓말쟁이의 정체를 밝히려면 속임수를 간파하기 위한 관찰과 질문 방법이 매우 중요하다. 물론 이를 통해 비언어 정보를 수집할 수 있다. 비언어 신호를 더 많이 볼수록 관찰에 대해 더 확신할 수 있고 속임수를 인지할 가능성도 커진다.

토론이나 범죄 수사를 진행하는 중에 적극적으로 속임수를 간파하려 하는 경우에도 가능한 한 의심하지 말고 중립적이어야 한다. 의심하는 순간 자기 자신이 상대방의 반응에 영향을 주게 된다는 점을 기억하라. "당신은 거짓말을 하고 있습니다" 또는 "나는 당신의 말이 진실이 아니라고 생각합니다"라고 말하거나 심지어 의심스럽게 쳐다보는 것은 상대방의 행동에 영향을 미친다.

최선의 방법은 "이해하기가 좀 힘드네요." 또는 "그것이 어떻게 발생했는지 한 번 더 설명해주시겠습니까?"처럼 문제를 더욱 분명하게 해주는 세부사항에 대해 질문하는 것이다. 가끔은 객관적인 자세로 충분히 들어주는 것이 진실과 속임수를 가려내는 데 도움이 되기도 한다. 어떤 경우든 냉정을 잃지 않아야 한다. 침착하게 질문하라. 의심스럽게 행동하지 말고 주관적으로 판단하지 않고 있음을 드러내라. 그러면 상대방이 정보를 제공하는데 방어적이거나 내켜하지 않을 가능성이 줄어든다.

편안함을 느낄 때 우리 몸은 상대를 향해 기운다

가족이나 친구들과 대화할 때는 편안함이 물씬 느껴진다. 좋은 시간을 보내고 있을 때, 또는 함께하는 사람들에게서 편안함을 느낄 때 그것은 쉽게 감지된다. 테이블 앞에 마주하고 있는 동안 서로 편안해하는 사람들은 시야를 가리는 것을 모두 치워버린다. 시간이 지나면서 그들은 좀 더 가까이 다가가 소곤거릴 수도 있다. 편안한 사람은 자기 몸을 좀 더 개방적으로 표현하면서 몸과 팔, 다리의 안쪽 부분을 더 많이 보여준다(복부 접근이나 복부 대면을 허락한다).

편안함을 느낄 때면 비언어 행동의 동시성이 두드러진다. 편안한 두 사람은 말의 톤과 높낮이, 전반적인 태도는 물론 호흡 리듬까지 비슷해진다. 카페에서 편안한 자세로 앉아 서로에게 몸을 기울이고 있는 커플을 보라. 만약 한 사람이 몸을 앞으로 기울이면 다른 한 사람도 몸을 앞으로 기울인다. 이러한 현상은 거울처럼 반응하기(미러링)로 알려져 있다.

만약 두 사람이 서서 대화할 때 한 사람이 주머니에 손을 넣고 발을 교차한 채 옆으로 비스듬히 몸을 기울인다면 나머지 사

#86
두 사람이 거울처럼 반응하면서
서로를 향해 몸을 기울이는 동작은
매우 편안한 상태임을 보여준다.

람도 똑같이 할 가능성이 크다. 두 사람 모두 서로에게 거울처럼 반응하면서 서로를 향해 몸을 기울이는 동작은 매우 편안한 상태임을 보여준다. 다른 사람의 행동에 거울처럼 반응함으로써 무의식적으로 "나는 당신이 편합니다"라고 말하는 것이다.

면접을 보거나 어려운 주제가 논의되는 상황에서도 동시성이 발생한다. 시간이 지날수록 각각의 사람들은 다른 사람의 목소리 톤을 거울처럼 반영하는 것이다. 만약 관련된 사람들 간의 관계가 조화롭지 않으면 동시성 역시 사라진다. 비록 표정이 비슷할지라도 다르게 앉거나 다른 톤으로 말하는 식으로 조화롭지 못할 것이다. 비동시성은 효과적인 커뮤니케이션의 장벽이자 성공적인 면접 및 토론의 심각한 장애물이다.

만약 두 사람이 대화하는 가운데 한쪽이 계속 시계를 보면서 초조한 자세로 앉아 있거나 움직임이 없는 순간적 정지자세인 반면 다른 한쪽은 이완돼 있고 침착하다면, 편안함이 없는 것이나 마찬가지다. 한쪽이 대화를 중단하고 싶어 하거나 반복해서 대화를 그만 하자고 말하는 것 역시 불편함의 신호다.

진실을 말하는 사람은 편안함이 느껴진다. 그들에게는 숨겨야 하는 스트레스도 없고 그들을 불편하게 만드는 어떠한 의식도 없다. 그러므로 속임수를 판단하기 위해서는 어떤 상황에서 언제 불편함의 신호가 발생하는지 찾아보아야 한다.

주어진 상황이 만족스럽지 못할 때, 못마땅한 것이 보이거나 들릴 때, 숨기고 싶어 하는 것을 털어놓으라고 강요받을 때 불편함을 느낀다. 이 경우 변연계 뇌의 각성 때문에 먼저 생리학상으로 불편함이 드러난다. 심장박동이 빨라지고 머리카락이 쭈뼛 서며 땀을 더 많이 흘리고 호흡이 빨라진다.

또한 몸은 자율신경계의 불편함을 비언어적으로 나타낸다. 이때 몸은 차단하거나 거리를 두는 방향으로 움직인다. 우리는 겁을 먹었을 때나 초조할 때 또는 상당히 불편할 때 엉덩이와 다리를 흔들고 안달하며 주먹으로 툭툭 두드린다. 그런 불편함의 행동을 목격하기란 그리 어려운 일이 아니다. 그렇지만 그 행동이 자동적으로 속임수를 나타내는 것은 아니다.

불편함을 나타내는 신호

만약 다른 사람이 불편함을 속이는지 아닌지 관찰하고 싶다면 자신과 상대방 사이에 다른 물건(가구, 테이블, 책상, 의자 등)이 하나도 없도록 해야 한다. 특히 다리와 발은 정직하므로 만약 상대방이 책상이나 테이블 뒤에 있다면 그것을 치우거나 그것으로부터 멀어지게 해야 한다. 그러한 방해물은 관찰해야 할 몸의 상당 부분(거의 80퍼센트)을 차단한다.

사실 거짓말하는 사람은 상대방과 본인 사이에 장벽을 형성하기 위해 방해물이나 쿠션, 음료수캔, 의자 등의 물건을 사용한다. 물건을 사용하는 것은 거리, 분리, 그리고 부분적인 은폐를 원한다는 신호다. 이렇게 자신을 개방하지 않는 것은 뭔가 불편하거나 심지어 속이고 있음을 의미한다.

한번은 한 수사관과 함께 어떤 범죄 용의자를 조사하게 되었다. 수사를 하는 동안 그는 점점 자기 앞에 음료수캔, 연필꽂이, 그리고 내 수사 파트너의 책상 위에 있던 여러 가지 서류를 이용해 장벽을 만들었다. 심지어 그는 배낭까지 올려놓았다. 나중에 비디오로 보기 전까지 우리는 그가 장벽을 세우고 있음을 깨닫지 못했다. 이 비언어 행동은 용의자가 물건 뒤에 숨어 편안함을 얻고 우리와 거리를 두려는 시도였다. 그때 우리는 정보나 협조를 거의 얻지 못했고 그의 말은 대부분 거짓이었다.

사람들은 주위 사람들에게 불편함을 느낄 때 그들로부터 멀어지려는 경향이 있다. 멀어지려는 행동은 특히 누군가를 속이려고 애 쓰는 사람에게 잘 나타난다. 심지어 나란히 앉아 있는 동안에도 몸과 발을 돌리거나 출구 쪽으로 향한다. 이런 행동은 어려운 관계나 좋지 않은 관계에서 일어날 수 있고, 논의되고 있는 주제가 마땅치 않을 때도 발생한다.

곤란한 대화 도중에 나타나는 불편함의 또 다른 신호로는 관자놀이에 가까운 이마 문지르기, 얼굴 쥐어짜기, 목 문지르기, 머리 뒤를 손으로 쓰다듬기 등이 있다. 사람들은 경멸하는 뜻으로 눈동자를 굴리고 딴청을 부리거나 얕보는 투로 질문에 답함으로써(적대적으로 짧게 답하면서), 냉소적인 태도를 보임으로써, 가운뎃손가락을 올림으로써 자신의 불쾌함을 보여줄 수 있다. 새로 생긴 비싼 스웨터가 혹시 백화점에서 훔친 것은 아닌지 엄마에게 의심 어린 질문을 받는 버릇없고 성난 10대를 상상해보면, 불편한 사람이 나타낼 수 있는 모든 방어적인 태도를 분명 느낄 수 있을 것이다.

거짓말을 할 때는 좀처럼 신체 접촉을 하지 않는다. 나는 특히 돈과 관련해 거짓 정보를 제공하는 사람들에게서 이런 경향을 많이 발견했다. 거리 두기는 부정직한 사람이 느끼는 불안감 수준을 낮추는 데 도움을 준다. 만약 결정적 질문을 듣거나 대답하는 동안 접촉이 감소하는 것은 속임수를 나타낸다. 따라서 사랑하는 사람에게 어떤 심각한 문제에 대해 질문할 때는 되도록 가까이 앉거나 손을 잡는 것도 좋을 수 있다. 이렇게 대화하면 보다 접촉의 변화를 즉각적으로 알아차릴 수 있다.

접촉하지 않는 것이 자동적으로 누군가를 속이고 있다는 것을 암시하지는 않는다. 그러나 접촉이 없는 것은 누군가가 당신을 좋아하지 않는다는 것을 의미할 수도 있다. 당신 또한 존경하지 않거나 경멸하는 사람과는 신체 접촉을 하지 않을 것이다. 그러므로 거리 두기 행동의 의미를 분석할 때는 관계의 성격과 접촉 빈도를 평가 하는 것이 중요하다.

미소의 진심을 알고 싶다면 머리 움직임을 주목하라

편안함이나 불편함의 신호를 찾기 위해 얼굴을 볼 때 찌푸림이나 경멸의 표정 같은 미세한 행동을 찾아보라. 또한 심각한 토의를 하는 동안 불편함으로 인해 입이 떨리거나 우물거리는 사람이 있는지 살펴보라.

미소든 찡그림이든 또는 놀란 표정이든 너무 오래 지속되거나 머뭇거리는 표정은 정상이 아니다. 대화 도중에 나타나는 그런 부자연스러운 행동은 의견에 영향을 주기 위해 의도된 것일 뿐 진정성이 없다. 사람들은 종종 잘못을 저지르거나 거짓말을 할 때 영원히 지속될 것 같은 미소를 짓는 경향이 있다. 이러한 거짓 미소는 편안함을 나타낸다기보다 오히려 불편함의 표현이다.

질문이든 답이든 듣고 싶지 않은 말을 들었을 때는 방금 들은 것을 차단해버리기라도 하듯 눈을 감는다. 눈감기 메커니즘의 다양한 형태는 가슴을 가로질러 양손을 단단히 포개거나 의견이 맞지 않는 사람들로부터 돌아서는 것과 유사하다. 이처럼 차단하는 표현은 무의식적으로 행해지며 대개 특정한 주제와 관련이 있다. 특정 주제가 괴로움을 불러일으킬 때 눈썹 떨림이 나타나기도 한다.

이 모든 눈 표현은 어떤 정보가 받아들여지고 어떤 질문에 거부 반응을 보이는가에 대한 강력한 단서다. 그렇다고 그것을 속임수의 직접적인 표시로 볼 수는 없다. 눈 마주침이 없거나 거의 없는 것이 속임수를 나타내지는 않는다.

실제로 범죄자처럼 문제를 일으키는 사람이나 상습적인 거짓말쟁이는 대부분의 사람보다 더 많이 눈을 마주치고 고정시킨다. 연구 결과 정신질환자, 사기꾼, 상습적인 거짓말쟁이 같은 사람들은 속이는 동안 눈 마주치기가 증가하는 것으로 나타났다. 아마도 그들은 의식적으로 눈을 맞출 것이다. 누군가의 눈을 똑바로 바라보는 것은 진실성의 표시라는 것이 보편적인 믿음이기 때문이다.

속임수를 간파하려는 어떠한 시도에서든 눈 마주침과 눈 응시 행동에는 문화적 차이가 있음을 고려해야 한다. 예를 들어 어떤 민족(이를테면 아프리카계 미국인이나 중남미인)은 질문을 받거나 야단맞을 때 부모의 권위를 존중해 아래를 보거나 떨어져서 보도록 교육을 받는다.

당신이 이야기하고 있는 사람의 머리 움직임에 주의하라. 만약 이야기할 때 긍정에서든 부정에서든 그의 머리가 흔들리기 시작하면, 나아가 그 움직임이 그가 말하는 것과 동시에 발생하면 그의 말은 대개 신뢰할 만하다. 그러나 머리 움직임이 지연되거나 말한 뒤에 일어나면 그의 말이 진실하지 못할 가능성이 크다. 비록 미세한 움직임이지만 말한 뒤의 머리 움직임은 자신의 말을 정당화하려는 시도일 뿐 커뮤니케이션의 자연스런 흐름이 아니다.

더불어 정직한 머리 움직임은 언어적 부정이나 긍정과 일치해야 한다. 만약 머리 움직임이 하고 있는 말과 일치하지 않거나 반대라면 속임수임을 암시한다. 언어와 비언어 신호의 모순은 일반적으로 생각하는 것보다 자주 일어난다. 예를 들어 머리를 약간 긍정적으로 끄덕이며 "나는 그것을 하지 않았어"라고 말할 수도 있다.

불편함을 느끼면 책임을 떠맡은 변연계 뇌가 얼굴을 붉게 하거나 반대로 창백하게 만들기도 한다. 어려운 대화를 하는 동안에는 땀이 많이 나거나 호흡이 거칠어질 수도 있다. 상대방이 겉으로는 침착한 척해도 눈에 띄게 땀을 닦아내지 않는지, 호흡을 조절하려 애 쓰지 않는지 주시하라. 손이 떨리거나 입술을 가리는 행동은 불편함과 속임수의 표시가 될 수 있다.

거짓말을 하는 동안에는 목소리가 갈라지거나 비언어 신호와 일치하지 않을 수 있고 스트레스를 받으면 목이 건조해지면서 침 삼키기가 어려워지는데, 이 모두가 불편함의 표시다. 하지만 이런 행동은 괴로움의 표시일 뿐 속임수를 알려주는 것은 아니다. 나는 법정에서 정직한 사람들이 단지 긴장감 때문에 이렇게 행동하는 것을 많이 봐왔다. 법정에서 숱하게 증언을 해온 나도 수년 만에 다시 법정에 서면 여전히 긴장된다. 그러므로 긴장과 스트레스의 신호는 늘 주어진 상황 속에서 정확히 해석해야 한다.

내가 수사에 임할 때 명심하는 12계명

나는 범죄를 수사하며 용의자를 신문하는 동안 내가 질문할 때 무엇이 조사 대상자에게 스트레스를 주는지, 그들이 자신을 진정시키는 행동은 무엇인지 찾아보았다. 진정시키는 행동 하나가 속임수의 결정적 증거가 될 수는 없지만(무고한 사람이 긴장할 때도 나타나므로) 그 사람의 진정한 생각, 느낌, 의도를 파악하기 위한 다른 비언어 행동과 연계해 중요한 정보를 제공한다.

다음의 목록은 내가 수행하는 열두 가지 사항이자, 내가 대인 관계에서 진정시키는 행동을 읽으려 할 때 명심하는 것이다. 당신은 격식을 차린 수사나 가족과의 심각한 대화 또는 비즈니스 거래를 할 때 이와 유사한 전략을 고려해볼 수도 있다.

1) 시야를 깨끗하게 하라

수사를 하거나 다른 사람과 상호작용할 때 나는 진정시키는 어떤 행동도 놓치고 싶지 않기 때문에 시야를 막는 그 무엇도 원치 않는다. 손을 무릎에 닦음으로써 진정시키는 행동까지도 보길 원한다. 그러나 만약 중간에 탁자가 있으면 이런 행동을 파악하기가 어렵다. 특히 인사를 담당하는 사람은 개방된 공간에서 인터뷰하는 것이 최선의 방법임을 알고 있어야 한다. 지원자의 전체를 볼 수 있어야 한다. 그래야 입사 지원자를 완전하게 관찰할 수 있다.

2) 진정시키는 행동이 나올 것을 예측하라

일상적인 비언어 표현에서 진정시키는 행동은 지극히 정상적인 것이다. 사람은 마음을 가라앉히기 위해 나름대로 진정시키는 행동을 한다. 한 예로 내 딸은 어렸을 때 항상 머리카락을 잡고 손가락으로 비비 꼬며 놀다가 잠이 들었다. 나는 사람들이 지속적으로 변화하는 환경에 적응하고자 늘 진정시키는 어떤 행동을 할 거라고 예상한다.

3) 처음의 긴장을 예상하라

인터뷰나 심각한 대화를 시작하는 순간 긴장하는 것은 그 만남을 둘러싼 상황이 스트레스를 줄 때 정상적인 일이다.

4) 먼저 당신과 상호작용하는 사람이 함께 긴장을 풀 수 있도록 하라

면접이나 중요한 회의 또는 의미심장한 토론이 진행될 때 관련자들은 점점 마음을 가라앉히고 더 편안해져야 한다. 사실 훌륭한 수사관은 질문을 던지거나 스트레스를 줄지도 모르는 주제를 조사하기 이전에 편안한 분위기를 조성함으로써 상대방을 완전히 이완시킨다.

5) 기준선을 설정하라

일단 상대방의 진정시키는 행동이 감소했거나 정상으로 돌아오면 수사관은 그 진정시키는 수준을 다음 행동을 조사하는 기준선으로 사용할 수 있다.

6) 진정시키는 행동이 증가한 원인을 찾아라

인터뷰나 대화 도중에 진정시키는 행동이 급격히 증가할 경우, 특히 그 행동이 특정 질문이나 정보에 대한 반응으로 일어날 경우 즉각 알아차려야 한다. 이는 특정 질문이나 정보가 그 사람을 곤란하게 했다는 의미이자, 그 주제에 더 집중할 가치가 있음을 보여주는 단서다. 진정시키는 반응을 초래한 특정 자극(질문, 정보, 사건)은 정확히 식별해야 한다. 그렇지 않으면 잘못된 결론을 내거나 토의를 잘못된 방향으로 이끌지도 모른다.

예를 들어 취업 면접에서 이전 지위에 관해 질문을 받았을 때 지원자가 셔츠 칼라를 통풍시키기(진정시키기의 하나) 시작했다면, 질문이 그에게 스트레스를 초래했다는 것을 의미하는 동시에 그 문제를 더 추적할 필요가 있음을 암시한다. 이 행동은 속임수와 관련된 것은 아니며 단지 그 주제가 지원자에게 스트레스를 초래했음을 의미할 뿐이다.

7) 질문하고 멈추고, 그리고 관찰하라

훌륭한 면접관(수사관)은 하나 뒤에 또 하나를 쏘아대는 기관 총식 질문을 하지 않는다. 만약 당신의 인내심이나 무례함이 상대방의 반감을 산다면 속임수를 정확히 간파하기가 상당히 어려워지기 때문이다. 한 가지 질문을 한 다음 기다리고 모든 반응을 관찰하라. 조사받는 사람에게 생각하고 반응할 시간을 주어라.

또한 사실과 허구에 집중하려면 질문을 구체적 답변을 유도하는 방식으로 정교하게 만들어야 한다. 질문이 구체적일수록 자세한 비언어를 유도하기가 쉽고, 그런 행동의 의미를 더욱 잘 이해하게 되며, 조사 결과가 보다 정확해진다. 안타깝게도 법 집행 수사에서는 강한 스트레스를 초래하고 비언어 단서를 흐리게 하는 일관된 스타카토식 질문을 통해 수많은 허위 자백이 초래됐다. 이제 우리는 무고한 사람이 강한 스트레스를 안겨주는 조사 과정에서 빨리 벗어나기 위해 저지르지도 않은 죄를 자백한다는 것을 알고 있다. 심지어 그들은 서류로 된 진술도 내놓는다. 누구든 지나치게 강압적인 상황에서 심문을 당하면 엄청난 스트레스를 받게 마련이다.

8) 조사받는 사람이 집중할 수 있도록 하라

수사관이 주제의 범위를 통제할 때보다 느긋할 때 유용한 비언어 표현이 덜 나타난다. 예리한 질문은 상대방의 정직성을 조사하는 데 유용한 비언어 표현을 유도해낼 수 있다.

9) 수다는 진실이 아니다

신참이나 경험 있는 수사관 모두가 범하는 실수 가운데 하나는 조사받는 사람의 말과 진실을 동등하게 다루는 경향이 있다는 점이다. 그들은 대개 조사받는 사람의 말을 그대로 믿는다. 오히려 말수가 적으면 거짓말을 한다고 생각한다. 사실 어떤 사건이나 상황에 대해 엄청난 양의 정보와 세부사항을 제공하는 사람은 진실을 말하는 것으로 보일 수 있다. 그러나 그들이 사실을 흐리거나 대화를 다른 방향으로 이끌어갈 연막을 제시하고 있을지도 모른다. 진실은 진술의 양이 많을 때가 아니라 그 정보를 사실로 입증할 때 드러난다. 사실이 입증될 때까지 그 말은 일방적인 수다이자 무의미한 데이터일 뿐이다.

한번은 조지아주 메이컨에서 한 여성을 조사한 적이 있다. 그녀는 사흘에 걸쳐 자발적으로 꽤 많은 정보를 제공했다. 마침내 조사가 끝났을 때 우리는 정말 많은 사실을 알아냈다고 생각했다. 우리는 그녀가 제공한 정보의 사실 확인을 위해 미국과 유럽 양쪽에서 1년이 넘도록 조사를 했다. 하지만 엄청난 노력과 자원을 허비한 후에 그녀가 제공한 정보가 모두 거짓이었음을 알게됐다. 심지어 그녀는 죄 없는 남편까지 끌어들여 그럴싸한 거짓말을 했다.

협조가 항상 진실과 동일한 것은 아니라는 점을 기억했다면, 좀 더 주의 깊게 그녀를 살펴봤더라면 그토록 엄청난 대가를 치르지 않았을 것이다. 그녀가 제공한 정보는 그럴듯하게 보였지만 모두 허튼소리였다. 그렇다고 그 골탕을 먹은 일이 내 초보 시절의 경험도 아니었다. 그런 식으로 교묘히 속는 수사관은 내가 처음도 아니고 마지막도 아닐 것이다. 당신은 항상 이런 종류의 수다스러운 책략을 경계해야 한다.

10) 스트레스는 유동적임을 기억하라

수년간 조사 대상자의 행동을 연구한 나는 범죄에 관련된 사람에게 "존스 씨, 집 안으로 들어가본 적이 있습니까?" 같은 곤란한 질문을 했을 때, 두 가지의 두드러진 행동 패턴이 차례로 나타난다는 결론을 내렸다.

첫 번째는 그 질문에 대한 스트레스를 반영해 무의식적으로 발 거둬들이기(발을 수사관으로부터 멀리두기)처럼 다양한 거리 두기 행동으로 반응한다. 두 번째는 첫 번째 행동에 이어 질문이나 답변에 대해 곰곰이 생각하면서 목에 손대기, 코 만지기, 목 문지르기 같은 진정시키기 반응이 따라온다.

11) 사건을 스트레스로부터 분리시켜라

안타깝게도 진정시키기를 수반하는 스트레스 징후처럼 연속하는 두 가지 행동 패턴은 보통 속임수로 잘못 인식돼왔다. 이렇게 나타나는 현상은 스트레스와 스트레스 완화의 표시로 반드시 부정적인 것은 아니다. 때론 거짓말을 하는 누군가가 그렇게 행동할 수도 있지만, 긴장하고 있는 무고한 사람들도 그런 행동을 보인다.

간혹 나는 "만약 사람들이 코를 만지면서 말하면 거짓말을 하고 있는 거야"라는 말을 듣는다. 물론 그 말이 사실일 수도 있지만 정직한 사람도 스트레스를 받으면 그렇게 한다. 코 만지기는 내적 긴장을 완화하기 위한 진정시키기 행동이다. 그러므로 누군가가 코를 만진다고 해도 성급하게 속임수라고 단정짓지 마라.

12) 진정시키기는 많은 것을 말해준다

진정시키는 행동은 스트레스를 받는 순간을 식별하도록 도와 줌으로써 더 집중하고 탐색할 필요가 있음을 암시한다. 어떤 상호작용에서든 효과적인 질문을 통해 진정시키는 행동을 유도하고 진정한 생각과 의도를 식별해낼 수 있다.

동시성에 집중하라

속임수의 가능성을 경고하는 신체언어를 파악하려면 동시성과 강조를 포함하는 비언어 행동을 찾아 관찰해야 한다. 동시성은 상호작용에서 편안함을 파악할 때뿐 아니라 속임수를 간파하는 데도 중요하다. 언어와 비언어가 보여주는 것 사이에서, 놓인 상황과 말하는 주제 사이에서, 그리고 사건과 정서 사이에서 동시성을 찾아보라. 심지어 시간과 공간의 동시성도 살펴보라.

질문을 받았을 때 확신하듯 대답하는 사람은 자신의 말을 즉각 지지하는 머리 움직임이 있어야 한다. 머리 움직임이 말하고 나서 좀 더 있다가 나타나서는 안 된다. 동시성 결여는 머리로는 긍정적으로 끄덕이며 "나는 그것을 하지 않았습니다"라고 진술할 때 나타난다. 마찬가지로 동시성은 "이것에 대해 거짓말을 했습니까?"라는 질문을 받고 "아니요"라고 대답하는 동안 약하게 고개를 끄덕일 때 나타난다. 이 경우에는 자신이 잘못했다는 것을 알아채자마자 행동을 수습하기 위해 머리 움직임을 바꾸는 것이다.

동시적 행동이 관찰됐을 때, "나는 그것을 하지 않았어요" 같은 거짓 진술에는 눈에 띄게 지연되고 그리 강하지 않은 부정적 머리 움직임이 따른다. 이런 행동은 동시적이지 않기 때문에 속임수와 동등하게 다뤄진다. 그 행동이 불편함을 보여주기 때문이다.

말과 행동 사이에는 반드시 동시성이 있어야 한다. 예를 들어 부모가 자식이 유괴당했음을 신고할 때는 반드시 사건과 그들의 정서 사이에 동시성이 있어야 한다. 넋이 나갈 지경인 부모는 수사관들에게 도와달라고 아우성을 쳐야 한다. 개인적 위험을 무릅쓰고 정보가 될 만한 것은 무엇이든 털어놓고, 깊은 절망을 느끼며, 간절히 도움을 구해야 하는 것이다.

그런 상황에서 부모가 어떤 특정 설명에 더 관심을 보이고 일치하는 감정적 표현이 부족하거나 차분하게 자신의 안녕과 자신이 어떻게 인식될 것인지를 더 걱정한다면 동시성에서 완전히 벗어난다.

마지막으로 사건, 시간, 장소 간에 동시성이 있어야 한다. 친구나 배우자 또는 자녀의 익사처럼 절체절명한 사건의 신고를 미루는 사람이나 신고한다는 핑계로 다른 관할권으로 가는 사람은 마땅히 의심을 받아야 한다. 그 사람에게 유리한 지점에서 목격하는 것이 불가능했을 것 같은 사건 신고가 동시적이지 않으면 그것도 의심스러운 것이다.

거짓말하는 사람은 동시성이 어떻게 평형 상태에서 맞아떨어지지 않는지 고려하지 않는다. 그리고 그들의 비언어와 이야기가 그들의 거짓을 드러내준다. 동시성은 편안함의 한 형태로 경찰 수사나 범죄 신고에서 중요한 역할을 한다. 또한 그것은 속임수를 간파하는 것이 중요한 쟁점에 대해 성공적이고 의미 있는 대화를 준비하게 해준다.

거짓말하는 사람은 두 번 강조하지 못한다

사람은 말할 때 자기감정을 강조하기 위해 눈썹, 머리, 손, 팔, 몸통, 다리, 발 같은 몸의 다양한 부분을 활용한다. 강조를 관찰하는 것은 매우 중요하다. 강조는 자신이 얼마나 강하게 느끼는지를 다른 사람에게 알리는 방법으로 변연계 뇌의 지지를 받는다. 반면 변연계 뇌가 그 말을 지지하지 않을 때는 덜 강조하거나 전혀 강조하지 않는다. 내 경험은 물론 다른 사람의 경험에서 확인된 바에 따르면, 거짓말쟁이는 강조하지 않는다.

거짓말쟁이가 대답을 꾸며내려 할 때 그들의 강조는 부자연스럽거나 동시성이 떨어진다. 또한 그들은 적절한 곳에서 강조하지 않으며 상대적으로 중요하지 않은 사실을 강조하기도 한다.

사람은 언어적·비언어적으로 모두 강조한다. 언어적으로는 목소리의 높낮이나 음색 또는 반복을 통해 강조한다. 비언어적 강조 행동은 대화나 수사에서 진실 또는 부정을 간파하려 할 때 말보다 더 정확하고 유익할 수 있다. 말할 때 보통 손을 사용하는 사람은 자신의 이야기를 손 행동으로 강조한다. 손가락 끝으로 행동을 취하거나 물건들을 건드림으로써 강조하는 사람도 있다. 눈썹을 올리고 눈을 크게 뜨는 것 또한 강조하는 방법이다.

강조의 또 다른 표현은 관심을 보이면서 몸을 앞으로 기울일 때 나타난다. 사람들은 의미심장하거나 감정적으로 강렬한 것을 강조할 때 발뒤꿈치를 들고 서 있는 것처럼 몸을 앞으로 기울인다. 앉아서 중요한 점을 강조할 때는 무릎을 올림으로써(스타카토처럼) 강조한다. 부연된 강조는 강조할 때 감정적 충만을 암시하면서 무릎을 때림으로써 나타날 수 있다. 이러한 행동은 강조와 진짜 감정을 상징하는 것으로 거짓말쟁이는 좀처럼 이런 행동을 하지 않는다.

그와 대조적으로 사람들은 입을 가리고 말하거나 얼굴 표정을 억제함으로써 덜 강조하거나 자신의 이야기에 대한 몰입이 부족함을 보여준다. 사람들은 자신의 말에 몰입하지 않을 때 표정을 통제하고 다른 움직임을 억제하며 뒤로 물러서는 행동을 한다. 속이는 사람은 마치 무슨 말을 할지 생각하고 있는 것처럼 손가락을 턱에 대거나 볼을 만지는 등의 신중한 행동을 보여준다. 이것은 정직한 사람이 자기 말을 입증하는 뭔가를 강조하는 것과 완전히 반대다. 속이는 사람은 무슨 말을 할지, 정직한 행동과 일치하지 않는 그 말이 어떻게 받아들여질지 평가하는 데 시간을 들인다.

거짓 진술에는 수동적인 행동이 뒤따른다

속임수를 간파하기 위한 수단으로서 강조를 조사할 때 찾아보고 싶어할 만한 몇 가지 사항에 대해 알아보자.

《거짓말에 대한 진실》의 저자 알데르트 브리지Aldert Vrij와 다른 연구자들이 보고한 바대로, 팔 움직임이 없어지고 강조가 부족하다는 것은 속임수를 암시한다. 문제는 공적 또는 사회적 상황에서 이것을 측정할 방법이 없다는 데 있다. 그렇지만 특별히 의미심장한 주제가 나온 뒤에 그런 행동이 발생한다면 언제 어떤 상황에서 일어나는지 알아차리도록 노력하라. 움직임의 갑작스런 변화는 뇌 활동을 반영한다. 팔이 움직이다가 정지할 때, 낙담이든 속임수든 거기에는 반드시 이유가 있다.

나는 그동안의 경험을 통해 거짓말쟁이는 손으로 첨탑 모양하기를 거의 하지 않는다는 것을 알게 됐다. 또한 나는 마치 사출좌석(전투기나 고속 항공기에서 사고가 났을 때 승무원을 기외로 탈출시키기 위한 사출장치가 달린 좌석)에 앉은 것처럼 고정된 자세로 의자 팔걸이를 움켜쥐고 있는 사람의 하얘진 손가락 관절을 찾

아보기도 한다. 머리, 목, 팔, 다리가 거의 움직임 없이 자리에 고
정돼 있고 손이 팔걸이를 꽉 붙잡는 행동은 막 속이려고 하는 사
람의 행동과 많은 면에서 일치한다. 그렇다고 그것을 결정적인
행동으로 볼 수는 없다.

　흥미롭게도 거짓 확언을 할 때는 다른 사람뿐 아니라 탁자 같
은 물건에 손이 닿는 것조차 피하는 경향이 있다. 나는 거짓말을
하는 사람이 주먹으로 탁자를 치면서 "나는 그것을 하지 않았어
요"라고 확언하는 것을 한 번도 본 적이 없다. 내가 본 거짓 진술
은 대개 가벼운 행동과 함께 아주 약하고 어세가 강하지 않았다.

#87
마치 사출좌석에 고정돼 있는 것처럼
움직임 없이 의자에 오래 앉아 있는 것은
강한 스트레스와 불편함의 증거다.

속이고 있는 사람은 자신이 말하고 있는 것에 대해 몰입과 자신감이 부족하다. 비록 그들의 사고하는 뇌가 거짓말을 하도록 할지라도 정직한 감정의 뇌, 즉 변연계는 그 책략에 말려들지 않는다. 따라서 비언어 행동을 동원해 자신의 진술을 강조하진 못한다. 변연계 뇌의 감정을 통제하는 것은 상당히 어렵다. 싫어하는 누군가를 보며 마음에서 우러나는 진정한 미소를 지어보라. 그것은 극도로 어려운 일이다. 같은 맥락에서 거짓 진술에는 으레 약하거나 수동적인 비언어가 따른다.

속이는 사람과 속는 사람

손바닥을 위로 해서 팔을 쭉 뻗는 행동은 심문(또는 기도)의 표현으로 알려져 있다. 예배하는 사람은 은총을 구하려고 손바닥을 신을 향해 위쪽으로 올린다. 마찬가지로 붙잡힌 군인은 체포자 쪽으로 다가갈 때 손바닥을 위로 향하게 한다.

또한 이 행동은 다른 사람이 자신을 믿어주길 원하는 사람에게서 나타난다. 토의 중에 말하고 있는 사람을 잘 관찰하라. 그 사람이 말할 때 손바닥이 위를 보고 있는지 아래를 향하고 있는지에 주목하라. 아이디어를 토의하거나 특정 사안에 대해 그다지 몰입하지 않는 동안에는 손바닥을 위로 하는 것과 아래로 하는 것이 모두 나타날 수 있다.

그러나 "당신은 나를 믿어야 합니다. 나는 그녀를 죽이지 않았어요"처럼 열정적으로 주장할 때는 손이 반드시 아래를 향하고 있어야 한다. 만약 손바닥을 위로 하고 진술한다면 믿어주길 애원하는 것이고 나는 그런 진술을 신뢰하지 않는다. 이것이 결정적인 것은 아니지만 손바닥을 위로 한 채 하는 선언적 진술에 나는 의문을 보낸다. 정직한 사람은 믿어달라고 간청할 필요가 없다. 그들은 단지 자기가 확신하는 것을 진술할 뿐이다.

#88
손바닥 위로 하기 또는 심문하기 자세는 보통
신뢰받거나 수용되기를 원한다는 것을 암시하며,
절대적이거나 확신이 있는 표현이 아니다.

#89
손바닥을 아래로 한 진술은
손바닥을 위로 한 진술보다
훨씬 힘과 확신이 있다.

확신이 있고 편안할 때는 팔과 다리를 밖으로 뻗지만, 확신이 부족할 때는 공간을 덜 차지하는 경향이 있다. 극단적인 상황에서 괴로워하는 사람은 힘든 자세를 취하며 양팔과 다리를 몸 안쪽으로 접어 넣기도 한다.

특히 불편한 대화나 범죄 수사가 이뤄지는 자리에서는 뒤로 물러서는 자세가 다양하게 나타난다. 팔은 대개 프레첼 모양처럼 꼬여 있고 발목은 잠겨 있다. 이런 자세에서 속임수의 표시가 될지도 모르는 극적인 변화, 특히 특정 주제의 변화와 동시에 발생하는 자세 변화를 찾아보라.

자신이 말하는 내용을 확신하는 사람은 어깨와 등을 쭉 펴고 똑바로 앉는 경향이 있다. 반면 속이고 있거나 공공연하게 거짓말을 할 때는 그 말에서 도망치려는 듯 무의식적으로 웅크리거나 가구 밑으로 들어간다. 불안할 때, 자신 또는 자신의 생각에 대해 자신이 없을 때는 대체로 이런 감정을 자세에 반영한다. 보통은 약간 웅크리는 정도지만 때론 머리를 바짝 낮추거나 어깨를 귀까지 끌어올리기도 한다. 누군가가 불편해하거나 열린 공간에서 숨으려고 애쓸 때마다 이런 '거북이 효과'를 찾아보라. 그것은 확실히 불안과 불편함의 표시다.

대개는 뭔가에 대해 자신이 없을 때 똑같은 어깨 으쓱하기를 한 번 이상 하지만, 거짓말쟁이는 스스로에 대해 자신이 없을 때 변화된 어깨 으쓱하기를 하는 경향이 있다. 거짓말쟁이의 어깨 으쓱하기는 그 표현이 생략되고 바뀐다는 점에서 비정상적이다. 만약 어깨 으쓱하기가 한 번만 나타나거나 어깨가 거의 귀까지 올라가 머리가 사라지는 것처럼 보인다면 심하게 불편하다는 신호다. 이러한 행동은 때로 속이는 대답을 준비하는 사람에게 나타난다.

최상의 관계를 위한 언어는 정직이다

지난 20년에 걸쳐 내가 조사한 결과는 명쾌하다. 그 자체로 명백하게 속임수를 간파할 수 있는 비언어 행동은 없다는 것이다. 내 친구이자 연구자인 마크 프랭크Mark Frank 박사는 거듭해서 나에게 말했다.

"조, 안타깝게도 속임수에 관해서라면 어떤 '피노키오 효과' 도 없네."

나는 겸손하게 그 의견을 받아들이려 한다. 허구에서 사실을 가려내기 위해 우리가 유일하게 의지할 수 있는 것은 편안함과 불편함, 동시성, 강조를 나타내는 비언어 행동이다. 그것은 안내자이자 패러다임인 동시에 전부이기도 하다.

불편해하고 강조하지 않고 커뮤니케이션에 동시성이 없는 사람은 잘해야 솜씨 없는 커뮤니케이션을 하고 있거나 최악의 경우 속이고 있는 것이다. 불편함은 토론에 참여한 사람들 사이의 반감, 대화가 진행되는 상황, 인터뷰하는 동안의 긴장감을 비롯해 많은 원인 때문에 생겨날 수 있다. 또한 그것은 확실한 유죄의 결과, 죄의식, 정보 숨기기, 또는 명백한 거짓말하기일 수도 있다. 가능성은 많다.

하지만 이제 다른 사람에게 질문을 더 잘하는 법, 그들의 불편함을 신호로 인식하는 법, 상황에 맞게 해석하는 법의 중요성을 아는 당신은 적어도 출발 지점을 갖고 있다. 오로지 더 자세한 관찰, 그리고 확증만이 정확성을 보장한다. 사람들이 거짓말을 하지 못하도록 막을 방법은 없다. 그러나 최소한 그들이 우리를 속이려고 할 때 경계할 수는 있다.

마지막으로 제한된 정보나 한 가지 관찰에 근거해 누군가에게 거짓말쟁이라는 딱지를 붙이지 않도록 조심하라. 수많은 좋은 관계가 그런 식으로 망가졌다. 속임수를 간파하는 것은 나를 포함해 최고의 전문가도 운에서 눈 깜빡할 정도의 거리만 떨어져 있을 뿐이다. 맞거나 틀릴 가능성이 50 대 50이라는 얘기다. 불만스러운 일이지만 내가 평생 동안 터득한 가장 중요한 진실이다.

에필로그

•

더 좋은 대인관계를 위하여

최근에 한 친구로부터 흥미로운 이야기를 듣게 되었다. 그 친구는 탬파에 있는 자신의 집에서 몇 시간 거리에 있는 코럴게이블스로 딸을 데려가던 참이었다. 한 번도 코럴게이블스에 가본 적 없던 그녀는 최적의 경로를 찾기 위해 지도를 보았다. 비교적 순조롭게 마을에 도착한 그녀는 길 안내 표지판을 찾기 시작했다. 그런데 그곳에는 아무런 표지판도 없었다. 표시되지 않은 교차로를 지나 20분을 운전했지만 어떤 표지판도 눈에 띄지 않았다. 마침내 자포자기한 그녀는 주유소에 차를 세우고 길을 물었다.

"길을 묻는 사람이 참 많다오."

그녀는 동정 어린 시선을 받으며 설명을 들었다.

"교차로에 이르면 위가 아니라 아래를 봐야 합니다. 15센티미터의 오래된 석재에 페인트로 도로명이 적혀 있는데 그것은 포장도로에서 약간 떨어진 지면에 있어요."

내 친구는 그의 조언에 주의를 기울였고 몇 분 안에 자신의 목적지를 발견했다. 그녀는 내게 이렇게 말했다.

"나는 포장도로에서 약간 떨어진 곳이 아니라 1~2미터, 아니 그보다 먼 곳에서 도로표지판을 찾고 있었어. 무엇보다 믿기 어려웠던 것은 말이야, 일단 그 표지를 보자 모든 것이 정확히 보이기 시작했다는 거야. 내가 갈 길을 찾는 데 아무 문제가 없었지."

이 책 역시 신호에 관한 것이다. 인간 행동에는 기본적으로 두 종류의 신호, 즉 언어와 비언어 신호가 있다. 우리는 대개 언어적 신호를 찾아보고 식별하도록 배워왔다. 이 신호는 높은 표지판에 있어서 낯선 도시의 길을 운전할 때도 분명히 보인다. 다른 한 종류는 비언어 신호로 늘 제자리에 있지만 대다수의 사람은 그것을 발견하는 법을 배우지 않았다. 우리는 지표면에 있는 신호를 찾아보고 식별하는 훈련을 받지 않은 것이다.

흥미로운 것은 일단 우리가 비언어 신호에 관심을 기울이고 읽는 법을 배우면 내 친구처럼 그 신호를 쉽게 찾아낼 수 있다는 점이다. 내 바람은 당신이 비언어 행동을 이해해 주위 세상에 대해 더 깊고 의미 있는 가치를 얻게 되는 것이다. 말과 침묵의 두 가지 언어를 듣고 볼 수 있다면 삶이 풍부해지고 의미 있는 경험을 할 수 있을 것 이다.

이것은 충분히 추구할 만한 가치가 있으며 노력하면 얼마든지 달성할 수 있는 목표다. 이제 당신은 자신의 대인관계를 풍부

하게 해줄 지식을 얻게 되었다. 몸이 말하는 의도를 읽고 그 해석
을 즐겨라.

옮긴이의 글

•

설득과 소통의 시대에 경쟁력을 갖추는 법

얼마 전 나는 사람들이 존경하고 부러워하는 한 대기업의 CEO를 만난 적이 있다. 그런데 테이블 위에 올라와 있는 손에는 자신의 입으로 물어뜯은 흔적이 손톱에 남아 있었다. 그 손톱을 보고 나는 그의 마음 상태를 짐작할 수 있었다. 당시 큰 결단을 내려야 했던 그는 그 고민의 강도가 어느 정도였는지 손톱으로 말해주고 있었던 것이다.

우리는 커뮤니케이션을 하지 않고는 살 수 없다. 모든 것이 커뮤니케이션이다. 사람들의 몸짓만 봐도 그 사람에 대한 정보를 얻을 수 있다. 여성들이 앉아 있는 자세나 심지어 핸드백 위치로도 마음의 상태를 읽을 수 있다. 사람들은 중요한 만남이나 회의, 그리고 협상이나 발표에서 자신이 관철시키고자 하는 생각과 목적을 갖고 그 자리에 임한다. 그리고 그 마음먹은 것은 자신도 모르게 겉으로 드러난다.

흔히 눈은 마음의 창이라고 한다. 실제 내가 리더십·코칭 전문가로 활동하며 대화를 할 때 눈을 보면 상대의 마음이 어떻게 움직이는지를 간파할 수 있다. 대화 중에 상대방의 눈동자는 그 사람이 뭔가를 생각할 때마다 위 또는 아래, 왼쪽 또는 오른쪽으로 움직이거나 아니면 정면을 응시한다. 이러한 움직임은 그 사람이 어떤 사람인지 또는 그 사람이 지금 어떤 생각을 하고 있는지에 대한 아주 중요한 정보를 제공하고 있다. 굳게 입을 다물고 있어도 이미 몸을 통해 많은 내용을 노출하는 경우도 있다. 그런데도 대부분의 사람들은 우리가 몸짓으로 보내는 중요한 신호를 읽지 못한다. 그리고 그들은 왜 자기들이 실패했는지를 알지 못한다.

사실 모든 성공은 커뮤니케이션에 달려 있다고 해도 과언이 아니다. 그리고 커뮤니케이션에서 말보다 더 중요한 것이 비언어적 요소다. 이러한 요소들에는 의도된 행동과 의도되지 않은 행동, 즉 의식적인 것과 무의식적인 행동이 동시에 표출된다. 대부분의 사람들이 의식적이면서 의도된 것에 집중할 때 탁월한 사람들은 의도되지 않은 것, 무의식적인 것이 더 중요하다는 것을 알고 거기에 집중한다.

아는 만큼 보인다. 특히 대인관계와 커뮤니케이션에서는 더더욱 그렇다. 그래서 때론 자신도 모르게 불공평하고 공정하지 않은 게임을 하는 경우도 있다. 아는 사람에게는 힌트가 보이는데 모르는 사람에게는 눈 뜬 장님처럼 아무것도 보이지 않는 것,

그것이 바로 보디랭귀지, 즉 비언어 커뮤니케이션이다.

보디랭귀지는 왜 중요할까? 누군가는 '뭐가 중요해?'라고 말하겠지만 남들이 모르는 경쟁력의 원천이다. 사람들은 입으로 얼마든지 거짓말을 할 수 있다. 그렇지만 몸은 그렇지 않다. 실제 우리는 삶의 중요한 순간에 말보다 몸의 언어에 더 의지해야 할 때가 많다. 그런 측면에서 무의식적인 몸의 신호, 즉 비언어 커뮤니케이션을 익히고 활용하는 것은 성공으로 가는 지름길이다.

이 책의 저자 조 내버로는 비언어 커뮤니케이션, 즉 보디랭귀지의 최고 전문가다. 전직 FBI 요원으로 활동한 그는 '인간 거짓말탐지기'라는 별명에서도 알 수 있듯이 이 분야에서 독보적인 위치를 차지하고 있다. 25년 동안 FBI에 재직하면서 스파이를 검거하는 일에서부터 국제적인 테러 용의자 색출에 이르기까지 수많은 심리수사를 담당했으며 FBI 요원을 대상으로 비언어 커뮤니케이션을 가르치는 교수로도 활약했다.

한국에서는 처음 알려지는 인물이지만 2010년 대만에서는 올해의 작가 20인을 선정하는 가운데 11위를 차지했고, 오바마 대통령과 힐러리 클린턴 국무장관이 2008년 민주당 대통령 후보 경선을 치를 당시 미국 CBS TV에 출연하여 그들이 토론과 연설을 할 때 몸짓의 의미를 예리하게 분석해 화제가 되었다. FBI 은퇴 후 그는 자신의 경험을 살려, 강연과 저술 그리고 국제적인 협상과 비즈니스 컨설팅을 맡는 등 다양한 활동을 하고 있다. 이런 그의 경력과 경험의 결정판이 바로 이 책이다. 《FBI 행동의 심리학》은 세계 최고의 비언어 커뮤니케이터, 조 내버로가 터득한 비밀과 지식이 가득 담겨 있다.

이 책은 사람의 마음을 읽지 말고, 뇌를 읽으라고 이야기한다. 우리 인간은 파충류 뇌(뇌간), 포유류 뇌(변연계의 뇌), 그리고 인간의 뇌(신피질)라는 3가지 뇌가 있다. 인간의 뇌인 신피질은 얼마든지 거짓말을 할 수 있는데 반해, 포유류 뇌인 변연계는 생존 본능과 직결되어 있어 거짓말을 하지 못한다. 가장 정직한 뇌인 변연계는 상황에 따라서 자신의 솔직한 상태를 비언어로 반응하게 되는데 독자들은 이 책을 통해서 사람을 읽는 새로운 접근법을 발견할 것이다.

이 책의 가장 큰 매력은 일상생활에 적용 가능한 비언어 커뮤니케이션의 핵심에 집중하고 있다는 것이다. 결코 모호한 이야기를 하지 않는다. 이 책은 우리 몸 각 부분에서 드러나는 신호를 어떻게 포착하고 해석할 것인지 알려준다. 또한 상대방에게 비언어 커뮤니케이션을 어떻게 활용할 것인가에 대해서도 전략적으로 보여주고 있다. 평소 몸이 말하는 것을 읽고 중요할 때 몸이 전략적으로 말하게 한다면 인생과 비즈니스에서 원하는 것들을 성취하는 데 큰 도움이 될 것이라 확신한다.

2010년 9월
박정길

참고문헌

•

American Psychiatric Association. (2000). *Diagnostic and statistical manual of mental disorders* (4th ed.). Text rev. Washington, DC: American Psychiatric Association.

Axtell, R. E. (1991). Gestures: *The do's and taboos of body language around the world*. New York: John Wiley & Sons, Inc.

Burgoon, J. K., Buller, D.B., & Woodall, W. G. (1994). *Nonverbal communication: The unspoken dialogue*. Columbus, OH: Greyden Press.

Cialdini, R. B. (1993). *Influence: The psychology of persuasion*. New York: William Morrow and Company, Inc.

Collett, P. (2003). *The book of tells: From the bedroom to the boardroom-how to read other people*. Ontario: HarperCollins Ltd.

Cumming, A. Polygraph use by the Department of Energy: Issues for Congress (February 14, 2007): www.fas.ort/sgp/crs/intel/RL31988.pdf.

Darwin, C. (1872). *The expression of emotion in man and animals*. New York: Appleton-Century Crofts.

de Becker, G. (1997). *The gift of fear*. New York: Dell Publishing.

Depaulo, B. M., Stone, J. I., & Lassiter, G. D. (1985). Deceiving and detecting deceit. In B. R. Schlenker (Ed.), *The self and social life*. New York: McGraw-

Hill.

Diaz, B. (1988). *The conquest of new Spain*. New York: Penguin Books.

Dimitrius, J., & Mazzarella, M. (2002). *Put your best foot forward: Make a great impression by taking control of how others see you.* New York: Fireside.

_____(1998), *Reading people*. New York: Ballantine Books.

Ekman, P. (2003). *Emotions revealed: Recognizing faces and feelings to improve communication and emotional life.* New York: Times Books.

_____(1991), *Telling lies: Clues to deceit in the marketplace, politics, and marriage.* New York: W. W. Norton & Co.

Ekman, P., & O'Sullivan, M. (1991). *Who can catch a liar?* American Psychologist 46, 913-920.

Ford, C. V. (1996). *Lies! lies!! lies!!! the psychology of deceit.* Washington, DC: American Psychiatric Press, Inc.

Frank, M. G., et al. (2006). Investigative interviewing and the detection of deception. In Tom Williamson (Ed.), *Investigative interviewing: Rights, research, regulation.* Devon, UK: Willian Publishing.

Givens, D. B. (2005). *Love signals: A practical guide to the body language of courtship.* New York: St. Martin's Press.

_____(1998-2007). The nonverbal dictionary of gestures,

signs & body language cues. Retrieved 11/18/07 from Spokane Center for Nonverbal Studies Web site: http://members.aol.com/nonverbal2/dictionl. htm.

Goleman, D. (1995). *Emotional intelligence*. New York: Bantam Books.

Gregory, D. (1999). Personal conversation with Joe Navarro, FBI HQ, Washington, DC.

Grossman, D. (1996). *On killing: The psychological cost of learning to kill in war and society.* New York: Back Bay Books.

Hall, E. T. (1969). *The hidden dimension*. Garden City, NY: Anchor.

Hess, E. H. (1975a), *The tell-tale eye: How your eyes reveal hidden thoughts and emotions*. New York: Van Nostrand Reinhold.

_____(1975b). The role of pupil size in communication. *Scientific American*. 233, 110-119.

Johnson, R. R. (2007). Race and Police reliance on suspicious non-verbal cues.

Policing: An International Journal of Police Strategies & Management 20 (2),
277-290.

Kassin, S. M. (2006). A critical appraisal of modern police interrogations. In Tom
Williamson (Ed.), *Investigative interviewing: Rights, research, regulation*.
Devon, UK: Willian Publishing.

_____(2004). True or false: "I'd know a fales confession if I saw one." In Pär
Anders Granhag & Leif A. Strömwall (Eds.), *The detection of deception in
forensic context*. Cambridge, UK: Cambridge University Press.

Knapp, M. L., & Hall, J. A. (2002). *Nonverbal communication in human interaction*,
(5th Ed.). New York: Harcourt Brace Jovanovich.

Leakey, R. E., & Lewin, R. (1977). *Origins: The emergence and evolution of our
species and its possible future*. New York: E. P. Dutton.

LeDoux, J. (1996). *The emotional brain: The mysterious underpinnings of emotional
life*. New York: Touchstone.

Lieberman, D. J. (1998). *Never be lied to again*. New York: St. Martin's Press.

Manchester, W. (1978). *American Caesar: Douglas MacArthur 1880-1964*. Boston:
Little Brown, & Company.

Morris, D. (1985). *Body watching*. New York: Crown Publishers.

Murray, E. (2007). Interviewed by Joe Navarro, August 18, Ontario, Canada.

Myers, D. G. (1993). *Exploring psychology* (2nd ed). New York: Worth publishers.

Navarro, J. (2007). *Psychologie de la communication non verbal*. In M. St-Yues &
M.Tanguay (Eds.), Psychologie de l'enqête criminelle: La recherche de la
vérité. Cowansville, Québec: Les Éditions Yvon Blais: 141-163.

_____(2006). *Read'em and reap: A career FBI agent's guide to decoding poker tells*.
New York: HarperCollins.

_____(2003). A four-domain model of detecting deception. *FBI Law Enforcement
Bulletin* (June), 19-24.

Navarro, J., & Schafer, J. R. (2003). Universal principles of criminal behavior: A
tool for analyzing criminal intent. *FBI Law Enforcement Bulletin* (Jaunary),
22-24.

_____(2001). Detecting deception. *FBI Law Enforcement Bulletin* (July), 9-13.

Nolte, J. (1999). *The human brain: An introduction to its functional anatomy*. St.
Louis, MO: Mosby.

Ost, J. (2006). Recovered memories. In Tom Williamson (Ed.), *Investigative interviewing: Rights, research, regulation*. Devon, UK: Willian Publishing.

Panksepp, J. (1998). *Affective neuroscience: The foundations of human and animal emotions*. New York: Oxford University Press, Inc.

Prkachin, K. M., & Craig, K. D. (1995). Expressing pain: The communication and interpretation of facial pain signals. *Journal of Nonverbal Behavior* 9 (4), Winter, 181-205.

Ratey, J. J. (2001). *A user's guide to the brain: Perception, attention, and the four theaters of the brain*. New York: Pantheon Books.

Schafer, J. R., & Navarro, J. (2004). *Advanced interviewing techniques*. Springfield, IL: Charles C. Thomas Publisher.

Simons, D. J., & Chabris, C. F. (1999). Gorillas in our midst: Sustained inattentional blindness for dynamic events. *Perception*. 28, 1059-1074.

St-Yves, M., & Tanguay, M. (Eds.) (2007). *Psychologie de l'enqête criminelle: La recherche de la vérité*. cowansville, Québec: Les Éditions Yvon Blais.

Vrij, A. (2003). *Detecting lies and deceit: The Psychology of lying and the implications for professional practice*. Chichester, UK: John Wiley & Sons, Ltd.